기본 손바느질로 만드는
심플한 가죽 소품 58

고시젠 유카 지음 | 방현희 옮김

한스미디어

PART 1 IN BAG

01	토트백 ······ 6	16	지갑 ······ 21
02	플랫백 ······ 8	17	티슈 케이스 ······ 22
03	사각 미니 숄더백 ······ 10	18	거울 & 케이스 ······ 23
04	덮개 플랫 파우치 ······ 12	19	열쇠지갑 ······ 24
05	프레임 파우치 ······ 13	20	키 커버 ······ 25
06	캐러멜 파우치 ······ 14	21	키홀더A ······ 25
07	플랫 파우치 ······ 15	22	키홀더B ······ 25
08	사다리꼴 파우치 ······ 15	23	북 커버A ······ 26
09	카드지갑 ······ 16	24	북 커버B ······ 26
10	교통카드 케이스 ······ 17	25	안경집 ······ 27
11	주머니(대) ······ 18	26	펜 케이스A(프레임) ······ 28
12	주머니(중) ······ 18	27	펜 케이스B(단추) ······ 28
13	주머니(소) ······ 18	28	펜 케이스C(지퍼) ······ 28
14	동전지갑A(말굽 모양) ······ 20	29	연필 캡 ······ 29
15	동전지갑B(상자형) ······ 20	30	수첩 커버 ······ 30

CONTENTS

PART 2 INTERIOR

- 31 액자(대) ······ 32
- 32 액자(소) ······ 32
- 33 갑 티슈 커버 ······ 33
- 34 샌들 ······ 34
- 35 쿠션 커버 ······ 35
- 36 트레이(소) ······ 36
- 37 트레이(대) ······ 36

PART 3 ACCESSORY

- 38 목걸이A ······ 38
- 39 목걸이B ······ 38
- 40 브로치A ······ 39
- 41 브로치B ······ 39
- 42 브로치C ······ 39
- 43 반지A ······ 39
- 44 반지B ······ 39
- 45 반지C ······ 39
- 46 반지D ······ 39
- 47 벨트A ······ 40
- 48 벨트B ······ 40

PART 4 FOR HANDMADE

- 49 손잡이 ······ 42
- 50 2홀 단추 ······ 43
- 51 4홀 단추 ······ 43
- 52 태슬 ······ 43
- 53 바늘꽂이 ······ 44
- 54 실패 ······ 44
- 55 재단가위 케이스 ······ 45
- 56 쪽가위 케이스 ······ 45
- 57 도구 케이스 ······ 46
- 58 가죽칼 커버 ······ 46

PART 5 LEATHER GOODS LESSON

가죽 소품 만들기 Lesson
기초편 ······ 48
작품편   카드지갑 ······ 58
         연필 캡 ······ 60
가죽 기초 지식 ······ 61
이 책에 실린 작품에 주로 사용한 가죽에 대해서 ······ 62

작품 만들기 ······ 64
실물 크기 도안 ······ 109

PROLOGUE

핸드메이드 소재로 가죽은 천보다 난이도가 높다고 느끼는 분들이 많은 것 같습니다.
사실 다종다양한 가죽 중에서 만들고 싶은 작품에 적합한 소재를 고르는 것은
익숙해지기 전에는 조금 어려울 수도 있습니다.
하지만 그것은 천도 마찬가지입니다. 천으로 소품을 만들어본 적이 있는 분이라면
두께를 잘못 선택해서 실패하거나, 문양을 맞추느라 고생한 경험이 있을 것입니다.
만들고 싶은 아이템에 적합한 가죽을 선택할 수 있다면 분명 멋진 작품을 만들 수 있을 것입니다.

'가죽의 종류는?'이라고 하면, 대표적으로 '타닌 무두질 가죽'과 '크롬 무두질 가죽'으로 분류합니다.
각각의 차이점과 특징은 가죽을 많이 만져보면 알게 되겠지만,
처음에는 그리 어렵게 생각하지 않아도 됩니다.
엠보싱 가공한 가죽이든, 메탈릭 가공한 가죽이든 다양한 개성을 지닌 가죽 중에서
마음에 드는 것을 선택해 우선 무엇이든 한번 만들어보세요.
이 책에 소개된 작품은 모두 자그마한 가죽으로 만들 수 있는 소품들입니다.
큰 가죽 한 장을 사려면 용기와 자금이 필요하지만, 작은 자투리 가죽이라면
부담 없이 구매할 수 있고 실패해도 손실이 크지 않습니다.

가죽은 천보다 다루기 쉬운 장점도 많습니다.
특히 재단만 하면 되기 때문에 시접 처리를 할 필요가 없습니다.
접착심지를 붙이지 않아도 되고, 안감을 덧대지 않아도 괜찮습니다.
그리고 가죽을 손바느질할 때는 가죽끼리 접착제로 단단히 맞붙이고,
미리 바늘땀 구멍을 뚫어놓은 다음, 바늘땀 구멍을 따라 꿰맵니다.
그러므로 천을 시침핀으로 고정해 재봉틀로 박는 것보다 바늘땀이 비뚤어지거나
어긋날 위험성이 적을 수도 있습니다.

그러나 가죽의 세계는 매우 심오합니다.
멋진 손바느질 가죽 가방에는 한 권의 책으로는 모두 설명할 수 없는 고도의 기술이 응축되어 있습니다.
이 책은 그런 가죽의 세계로 들어서는 입문 단계에 불과합니다.
그래도 입문 단계에서 이 정도의 작품을 직접 만들 수 있고, 사용할 수 있다면 즐거울 것 같다고 생각한
아이템들을 저 또한 즐기면서 만들어보았습니다.
여러분도 가죽이라고 어렵게 생각하지 말고 부담 없이 도전해 보기를 바랍니다.
그리고 훗날 더 배워보고 싶어진다면……. 그 또한 즐거울 것입니다.

고시젠 유카

PART 1　**IN BAG**

심플한 가방과 매일 사용하는
실용적인 가방 속 소품.
마음에 드는 여러 가지 아이템을 선택해서
같은 가죽으로 만들어도 멋스럽습니다.

01 토트백
만드는 법→65쪽

02 플랫백
만드는 법→67쪽

9

03 사각 미니 숄더백
만드는 법→68쪽

04 덮개 플랫 파우치
만드는 법→74쪽

05 프레임 파우치
만드는 법→71쪽

06 캐러멜 파우치
만드는 법→72쪽

07 플랫 파우치
만드는 법→70쪽

08 사다리꼴 파우치
만드는 법→73쪽

09 카드지갑
만드는 법→58쪽

10 교통카드 케이스
만드는 법→77쪽

11 주머니(대)
만드는 법→78쪽

12 주머니(중)
만드는 법→78쪽

13 주머니(소)
만드는 법→78쪽

14 동전지갑A(말굽 모양)
만드는 법→75쪽

15 동전지갑B(상자형)
만드는 법→76쪽

16 지갑
만드는 법→82쪽

17 티슈 케이스
만드는 법→79쪽

18 거울 & 케이스
만드는 법→86쪽

19 열쇠지갑
만드는 법→80쪽

20 키 커버
만드는 법→81쪽

21 키홀더A
만드는 법→81쪽

22 키홀더B
만드는 법→81쪽

23 북 커버A
만드는 법→88쪽

24 북 커버B
만드는 법→88쪽

25 안경집
만드는 법→89쪽

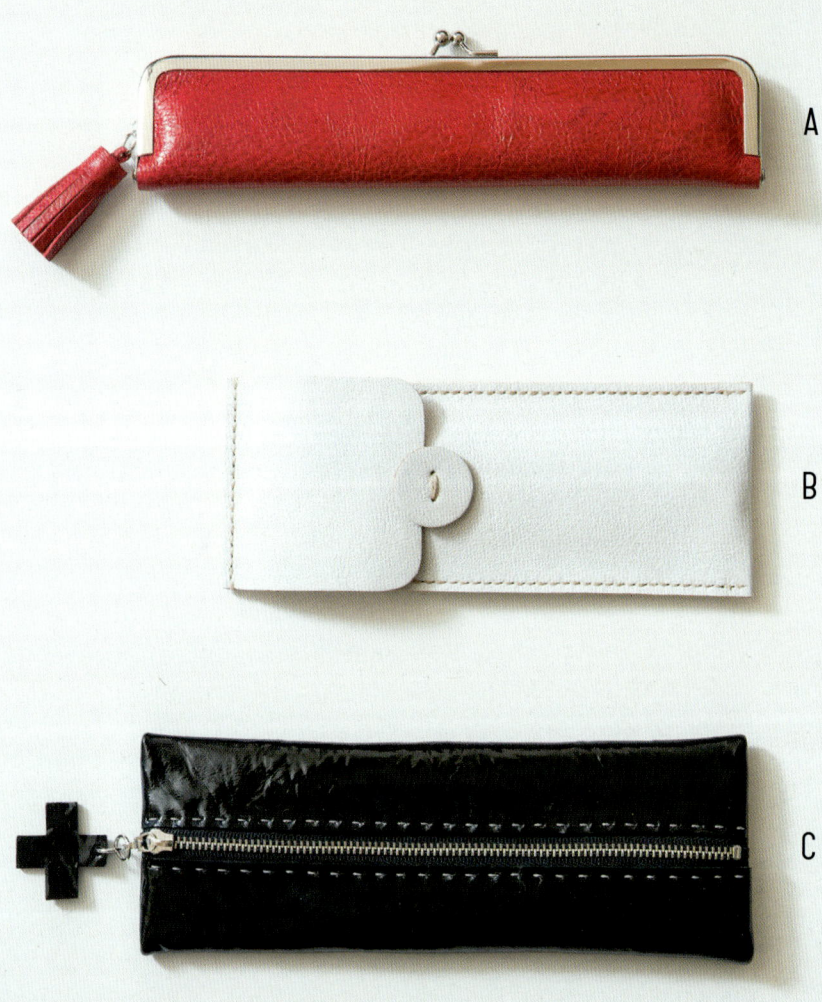

26 펜 케이스A(프레임)
만드는 법→91쪽

27 펜 케이스B(단추)
만드는 법→91쪽

28 펜 케이스C(지퍼)
만드는 법→84쪽

29 연필 캡
만드는 법→60쪽

30 수첩 커버
만드는 법→90쪽

PART 2
INTERIOR

집 안에도 가죽 소품으로 개성을 더해보세요.
어떤 인테리어와도 잘 어우러지는 것이
천연 소재인 가죽의 매력입니다.

31 액자(대)
만드는 법→92쪽

32 액자(소)
만드는 법→92쪽

33 갑 티슈 커버
만드는 법→93쪽

34 샌들

만드는 법→93쪽

35 쿠션 커버
만드는 법→95쪽

36 트레이(소)
만드는 법→94쪽

37 트레이(대)
만드는 법→94쪽

Accessory

PART 3

가죽의 존재감을 살린 액세서리.
큰 작품을 만들고 남은 작은 자투리 가죽도
모두 활용해보세요.

38 목걸이A
만드는 법→96쪽

39 목걸이B
만드는 법→97쪽

40-42 브로치 A~C
만드는 법→98~99쪽

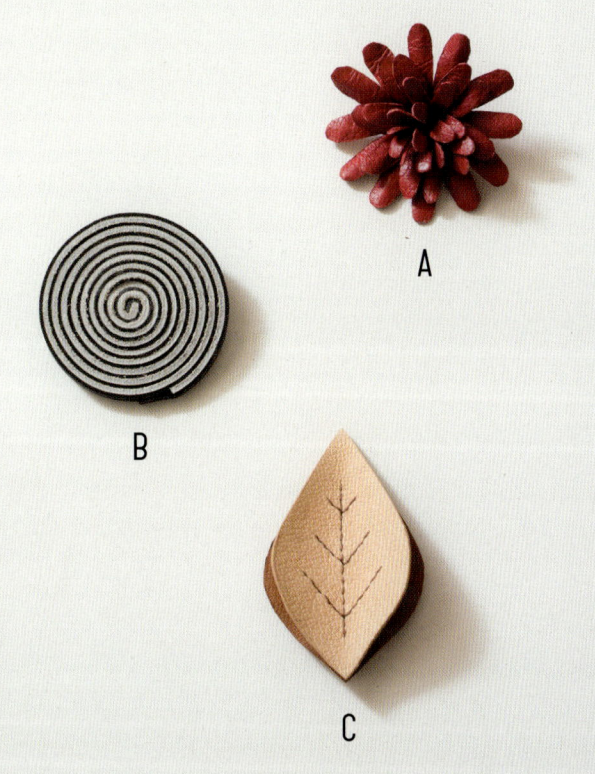

43-46 반지 A~D
만드는 법→100~101쪽

47 벨트A
만드는 법→102~103쪽

48 벨트B
만드는 법→102~103쪽

PART 4

FOR HANDMADE

부재료나 도구도 직접 만들어 사용하면 핸드메이드가 더욱 즐거워집니다.
가죽은 자르기만 해서 그대로 사용할 수 있기 때문에
만들 수 있는 소품도 다양하답니다.

49 손잡이
만드는 법→104쪽

50 2홀 단추
만드는 법→106쪽

51 4홀 단추
만드는 법→106쪽

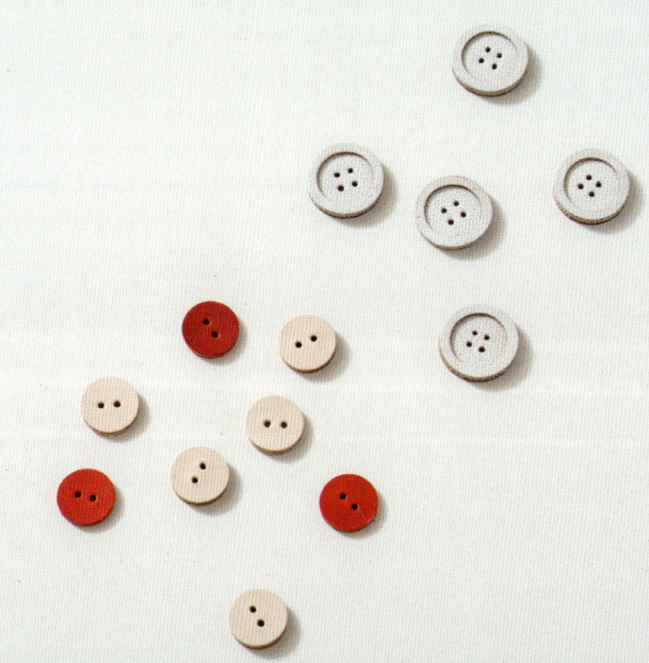

52 태슬
만드는 법→105쪽

53 바늘꽂이
만드는 법→85쪽

54 실패
만드는 법→103쪽

55 재단가위 케이스
만드는 법→107쪽

56 쪽가위 케이스
만드는 법→107쪽

57 도구 케이스
만드는 법→108쪽

58 가죽칼 커버
만드는 법→108쪽

PART 5

LEATHER GOODS LESSON

가죽 소품 만들기에 필요한 기본 작업을 소개합니다.
재료, 도구에 관한 기초 지식, 연습 작품으로 적합한
간단한 가죽 소품 만들기도 함께 소개합니다.

가죽 소품 만들기 Lesson •기초편•

이 책에는 초보자도 부담 없이 만들 수 있는 심플한 디자인의 작품을 실었습니다. 가죽을 재단하고, 접착제를 발라 맞붙여서, 바느질 보조선을 그어 바느질 구멍을 뚫고, 꿰매는 작업, 즉 모든 작품에 공통된 기본적인 작업에 대해서는 여기에서 자세히 설명합니다. 65~108쪽의 작품 만들기에 참조하세요. 용어 설명은 57쪽에 있습니다.

A 형지 만들기

가죽 위에 형지를 놓고 외곽선(재단선)을 덧그리거나, 형지를 놓고 직접 재단할 때 정확한 작업을 하기 위해서는 두꺼운 종이로 형지를 만드는 것이 중요합니다. 가죽은 모양과 상태가 저마다 다르기 때문에 흠집이나 구멍 난 부분을 제외해야 할 경우도 있으므로 재단하기 전에 형지를 배치해 보면서 위치를 신중히 정하도록 하세요.

★ 실물 크기 도안을 본뜰 때

1 실물 크기 도안 위에 얇은 방안지를 겹쳐놓고 외곽선, 중심선, 곡선의 맞춤표시 등을 옮겨 그립니다.

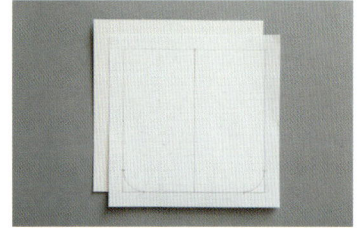

2 두꺼운 종이를 덧대어 배접합니다. 1의 방안지와 두꺼운 종이를 모두 여유 있게 가재단하고, 풀칠을 해서 맞붙입니다.

3 외곽선을 따라 자릅니다.

★ 두꺼운 종이에 직접 선을 그어 형지를 만들 때

1 제도 항목을 참조하여 외곽선을 그린 다음, 중심선을 송곳으로 그어줍니다. 이렇게 하면 반듯하게 접을 수 있습니다.

2 중심선을 기준으로 반으로 접습니다.

3 직선 부분은 방안자를 대고 수평과 수직을 확인한 뒤 자릅니다.

4 곡선 부분도 반으로 접어서 자르면 좌우가 대칭을 이루게 됩니다.

5 맞춤표시 등도 반으로 접은 상태에서 송곳으로 점을 찍어 표시해줍니다.

A 형지 제작 도구

송곳
선 그을 때, 점 찍을 때, 구멍 뚫을 때, 접착제 바를 때, 실을 풀 때 등 다양하게 사용됩니다.

비닐판
6mm 두께의 단단한 비닐판. 재단 이외의 작업을 할 때도 사용합니다. 커팅매트로 대체해서 사용해도 됩니다.

방안자
형지 제작과 재단할 때의 필수 도구. 가장자리에 커팅용 철제 판이 붙어 있는 것을 추천합니다.

클립
재단할 때 형지를 고정하거나 접착 부분을 고정할 때 사용합니다.

기본 도구 17가지

기본적인 도구들을 소개합니다. 또한, 작업별로 유용한 도구가 하단에 정리되어 있으니 참고하세요. 처음에는 바느질함이나 도구함에 있는 도구를 활용하면서 조금씩 구비해나가도록 하세요.

왼쪽부터 비닐판, 날 교체형 가죽칼, 4날 다이아몬드 목타, 2날 다이아몬드 목타, 송곳, 본드주걱, 쪽가위, 접착제, 마감제, 메리켄 바늘, 밀랍, 리넨사, 사포(스틱), 슬리커, 쇠망치, 나무망치, 커팅용 방안자

B 가죽에 표시하기

형지의 외곽선이나 맞춤표시, 금속장식 달 위치 등의 표시를 가죽에 본뜰 때는 기본적으로 송곳을 사용하지만, 가죽의 색상이나 표면(은면) 상태에 따라 잘 보이지 않을 경우에는 펜을 사용할 때도 있습니다. 필요에 따라 가죽의 단면과 뒷면(상면)에 표시해도 되지만, 완성했을 때 보이는 부분에 표시가 남지 않도록 주의하세요.

★ 외곽선 덧그리기

1 가죽 표면에 형지를 놓고, 송곳이나 본 폴더로 외곽선을 덧그립니다.

2 형지를 떼어내고, 외곽선을 따라 재단합니다. 또는 형지를 놓은 1의 상태 그대로 재단해도 됩니다.

★ 점 찍기

금속장식을 달 위치나 맞춤표시 등은 송곳 끝으로 점을 찍어둡니다.

B 가죽에 표시할 때 사용하는 도구

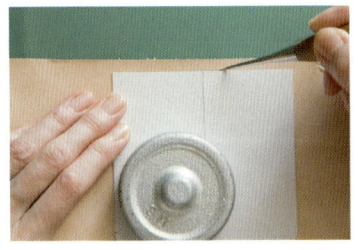

문진
재단할 때나 가죽에 표시할 때 형지나 자가 움직이지 않도록 눌러주는 역할을 합니다.

본폴더
가죽에 표시할 때, 선 그을 때, 접는 선 자국을 낼 때 등의 작업에 편리합니다. 소뼈와 같이 천연 소재로 만든 것이 가죽을 손상시키지 않으므로 추천합니다.

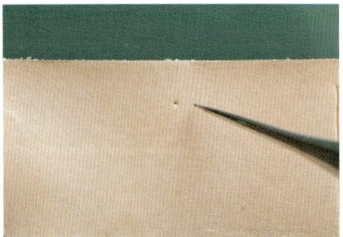

은펜
크롬 무두질 가죽에 표시할 때. 송곳이나 본폴더로 표시하기 어려운 엠보싱 가공 가죽 등에도 사용합니다.

*엠보싱 가공: 고압 프레스나 롤러를 이용하여 가죽 표면에 열과 압력을 가해 무늬를 찍어내는 가공법.

*크롬 무두질: 염화크로뮴을 사용해 무두질하는 방법으로 대량 생산이 가능하기 때문에 타닌 무두질한 가죽에 비해 가격이 저렴하다. 유연하고 가벼우며 내열성이 뛰어나서 재봉에도 적합하다.

C 재단하기

가죽을 재단할 때는 가죽칼이나 커터칼 등의 칼날을 사용합니다. 큰 가죽에서 한 번에 재단하려 하지 말고 도안보다 조금 크게 가재단한 다음 정재단을 하는 것이 더 깔끔하게 잘됩니다. 가재단을 할 때나 안 봉제로 단면이 노출되지 않을 경우에는 가위를 사용해도 됩니다.

★ 가죽칼 잡는 법

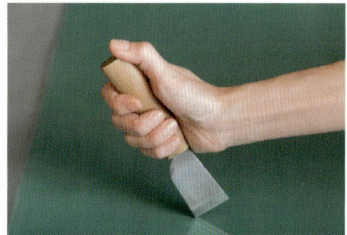

엄지를 세워 손잡이에 대고 칼날의 앞면이 안쪽을 향하게 잡습니다. 뒤로 눕혀 칼끝을 이용하여 몸쪽으로 당기면서 자릅니다. 마지막에는 천천히 몸쪽으로 칼날을 내리눌러줍니다.

★ 원형 찍어내기

원형을 재단할 때는 원형 펀치로 찍어내는 것이 편리합니다. 원형 펀치를 가죽에 대고 나무망치로 두드려서 찍어냅니다. 원형 펀치가 없을 때는 곡선을 자를 때처럼 가죽칼로 여러 번 나눠 자릅니다.

★ 직선 자르기

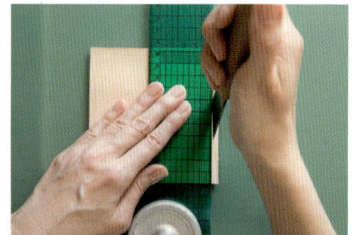

형지를 떼어낸 뒤, 직선 부분에 자를 대고 재단할 때는 움직이지 않도록 문진으로 눌러주면 좋습니다.

★ 곡선 자르기

곡선 부분은 한 번에 자르려 하지 말고 한쪽 칼끝을 바닥에 대고 사선으로 돌아가면서 또는 가죽을 돌려가면서 칼날을 내리눌러 조금씩 자릅니다.

★ 가죽 안쪽 모서리 자르기

가죽 안쪽 모서리를 자를 때는 뒤로 눕혔던 칼날을 천천히 몸쪽으로 내리눌러줍니다. 재단선을 넘지 않도록 주의하세요.

★ 좁게 자르기

좁게 자를 때는 같은 두께의 가죽을 자 밑에 받쳐서 수평을 맞춰주면 좋습니다. 사진은 15mm 폭의 띠 형태로 자르는 모습.

C 재단할 때 사용하는 도구

날 교체형 가죽칼
날 교체형이므로 칼날을 갈지 않아도 되는 '날 교체형 가죽칼'은 초보자용입니다. 우선 일반 커터칼을 사용해도 됩니다.

가죽칼
본격적으로 가죽 공예를 시작한다면 한 자루 구비했으면 합니다. 칼날을 갈아야 하므로 숫돌도 필요합니다.

원형 펀치
원형을 찍어내기 위한 도구. 가죽 위에 놓고 나무망치로 두드려 원형을 찍어냅니다.

고무판
원형 펀치로 가죽을 찍어내거나 금속장식을 달아 마무리할 때는 고무판이 있으면 편리합니다.

D 접착제로 붙이기, 접기

가죽을 맞붙여 꿰맬 때는 바느질할 구멍을 뚫기 전에 반드시 접착제를 발라 가죽을 맞붙여 놓습니다. 꿰맬 부분만 좁게 붙일 경우와 전면에 접착제를 발라 전면 접착을 할 경우가 있습니다. 가죽에 접착제를 발라 맞붙인 다음 압착시킬 때나 접는 선 자국을 낼 때는 쇠망치나 롤러를 사용합니다.

★ 테두리를 접착제로 맞붙이기

1　접착제는 본드주걱의 한쪽 면 끝부분에만 묻혀 덜어냅니다.

2　가죽 뒷면 가장자리에 5㎜ 정도 폭으로 좁게 발라줍니다.

3　가죽을 맞붙인 다음, 쇠망치로 두드려 압착시킵니다.

★ 전면을 접착제로 맞붙이기(전면 접착)

1　완만한 곡선을 그리듯 본드주걱을 크게 움직여서 뒷면 전체에 접착제를 얇게 고루 펴 바릅니다.

2　롤러로 밀어 압착시킵니다(쇠망치로 전면을 꼼꼼히 두드려주어도 됩니다).

★ 표면 긁기

표면을 접착제로 맞붙일 때는 그대로 붙이면 쉽게 떨어지므로 접착제를 바르기 전에 사포로 표면을 긁어주면 좋습니다.

★ 접기

1　가죽을 접을 때는 본폴더로 접는 선을 따라 덧그어 놓으면 반듯하게 접을 수 있습니다.

2　접는 선의 바깥쪽은 쇠망치로 두드려줍니다(롤러를 사용해도 좋습니다).

D 접착제로 붙이기, 접기를 할 때 사용하는 도구

접착제(사이비놀 100)
마르면 반투명해지는 초산 비닐수지 성분의 수성 접착제. 한쪽 면에만 발라도 되지만, 단단히 붙여야 할 때는 양쪽 면에 바르는 것이 좋습니다. 접착력이 더 강한 사이비놀 600은 잠금장식을 붙일 때 사용합니다.

본드주걱
접착제를 바를 때 사용합니다. 얇게 고루 펴 바르기 위해서는 본드주걱으로 바르는 것이 좋습니다.

쇠망치
접착제로 맞붙인 부분을 압착시킬 때나 접는 선 자국을 낼 때 사용합니다. 바늘땀을 가지런히 정돈할 때도 사용합니다.

롤러
접착제로 맞붙인 부분을 압착시킬 때나 접는 선 자국을 낼 때 사용합니다. 전면 접착한 면에 힘을 균일하게 가할 때 편리합니다.

E 바느질 보조선 긋기

바느질 구멍을 뚫기 전에 바느질 보조선을 단면에서 안쪽으로 일정한 폭으로 긋습니다. 이때 편리하게 사용할 수 있는 도구를 소개합니다. 이러한 도구가 없을 때는 방안자와 송곳, 또는 본폴더 등을 사용해 보조선을 그어도 됩니다. 이 책에서는 기본적으로 3mm 폭으로 바느질 보조선을 긋습니다.

★ 크리저

크리저의 폭을 3mm로 맞춰 선을 긋습니다. 크리저는 나사를 돌리면 폭을 자유롭게 조절할 수 있습니다.

★ 디바이더

디바이더의 폭을 3mm로 맞춰 선을 긋습니다. 디바이더도 폭을 자유롭게 조절할 수 있습니다.

★ 2날 다이아몬드 목타

2날 다이아몬드 목타로 사진처럼 선을 그을 수도 있습니다.

★ 슬리커

슬리커는 3종류의 폭으로 선을 그을 수 있게 되어 있습니다.

F 바느질 구멍 뚫기

바느질 보조선 위에 다이아몬드 목타를 사용해 일정한 간격으로 바느질 구멍을 뚫어줍니다. 처음부터 나무망치로 두드려 구멍을 뚫지 말고, 꿰맬 부분 전체를 보고 바느질 보조선의 끝에서 끝까지 간격이 일치하는지 확인합니다. 한번 뚫은 구멍은 다시 메울 수 없으므로 정확하게 뚫도록 신중히 작업하세요.

★ 다이몬드 목타로 구멍 뚫기

바느질 보조선 위에 다이아몬드 목타를 수직으로 세워 대고, 나무망치로 두드립니다. 가죽을 관통하기만 하면 되므로 과도하게 두드리지 않도록 하세요.

★ 직선

1 목타를 대고 가볍게 눌러 표시하며 바느질할 전체 구멍의 간격이 맞는지 확인합니다. 맞지 않을 때는 조금씩 간격을 조절해서 미세하게 조정합니다.

2 앞에서 뚫은 마지막 구멍에 목타 날 1~2개를 걸쳐놓고 다음 구멍을 뚫으면 비뚤어지지 않고 깔끔하게 연결할 수 있습니다.

★ 곡선

곡선 부분은 2날 목타를 사용하여 뚫습니다.

★ 모서리

모서리 구멍 1개는 송곳으로 뚫어줍니다.

★ 주머니 입구

주머니 입구 바깥쪽에 날 하나가 걸쳐지도록 목타를 대고 구멍을 뚫습니다.

E 선 긋는 도구

디바이더
평행선을 그을 때, 두 점 사이의 거리를 잴 때, 원을 그릴 때 등 다양하게 사용할 수 있는 만능 도구입니다.

크리저
끝부분의 길이 차이를 이용하여 한쪽을 단면에 대고, 다른 한쪽을 가죽 표면에 댄 뒤 선을 긋습니다.

F 바느질 구멍 뚫는 도구

슬리커
(57쪽 참조)

다이아몬드 목타
(왼쪽부터 4날+2날, 9날+2날)
구멍을 직선으로 뚫을 때 사용하는 여러 개의 날이 달린 목타와 날 간격이 동일한 2날 목타를 한 세트로 구비합니다. 2날 목타는 곡선 부분이나 간격을 조절할 때 사용합니다. 처음에는 4날 목타의 3~4mm 정도 간격이 적당합니다.

나무망치
구멍을 뚫을 때 목타나 펀치를 두드리거나, 스냅 단추나 리벳을 부착할 경우 누름쇠를 두드릴 때 사용합니다.

송곳
(48쪽 참조)

G 바늘과 실 준비하기

가죽에 바느질을 할 때는 끝이 뭉툭한 바늘과 밀랍을 바른 리넨사를 사용합니다. 바늘 2개를 사용해 바느질할 때는 실 양쪽 끝을 각각 바늘에 꿰고, 사진과 같은 방법으로 바늘이 빠지지 않도록 고정해 놓습니다. 바늘 한 개를 사용해 바느질할 때도 같은 방법으로 한쪽 실을 바늘에 꿰놓으면 바느질 도중에 바늘이 빠지는 것을 방지할 수 있습니다.

★ 실 길이 정하기

실 길이는 바늘 2개를 사용할 때는 꿰맬 길이의 약 4배, 바늘 한 개를 사용할 때는 약 2배를 기준으로 준비합니다. 가죽이 두꺼울 때는 조금 더 길게 준비합니다.

★ 밀랍 바르기

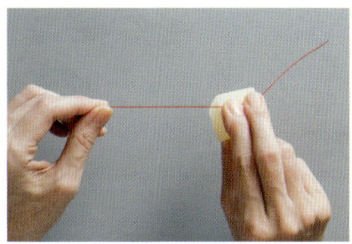

리넨사에 밀랍을 대고 손가락으로 눌러 잡아당기는 과정을 여러 번 반복합니다. 실 표면에 골고루 밀랍을 발라 마찰로 인한 보풀과 끊어짐을 방지합니다.

★ 실 꿰기 (알기 쉽도록 실제 사용하는 것보다 굵은 리넨사와 바늘을 사용해 설명합니다.)

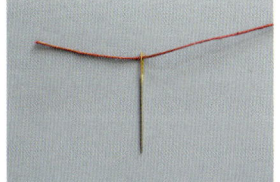

1 바늘귀에 실을 꿰니다.

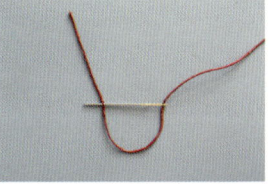

2 실 끝에서 바늘 길이 정도 떨어진 부분에 바늘을 찔러 넣습니다. 실의 꼬임을 살짝 풀어 올 사이로 찔러 넣어줍니다.

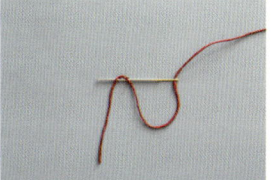

3 다시 5mm 정도 간격을 두고 끝쪽으로 찔러 넣습니다.

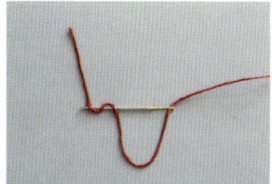

4 다시 한 번 5mm 정도 간격을 두고 실 끝쪽으로 찔러 넣습니다. 마지막에는 세 땀을 꿴 상태가 됩니다.

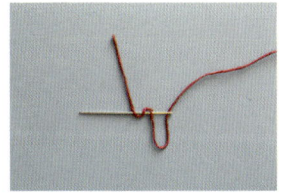

5 긴 쪽 실을 잡아당겨 바늘귀와 첫 번째 땀 사이의 실을 조여주면서 바늘땀이 바늘귀 쪽으로 모아지도록 합니다.

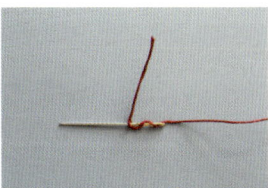

6 긴 쪽 실을 잡아당겨 늘어진 실이 조여진 모습. 짧은 쪽 실을 바늘귀 쪽으로 잡아당겨 겹쳐놓고, 바늘땀 부분을 훑어 내립니다.

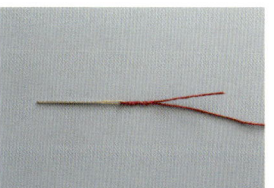

7 바늘이 실의 꼬인 올 사이를 관통한 상태가 됩니다. 실이 뭉쳐 있으면 그 부분에서 끊어지기 쉬우므로 꼼꼼히 훑어 매끈하게 정리합니다.

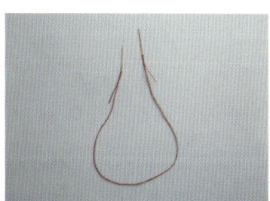

8 나머지 바늘 한 개에도 같은 방법으로 실을 꿰니다. 이제 바늘 2개로 바느질할 때의 실과 바늘 준비가 끝났습니다.

G 실과 바늘

바늘
끝부분이 뭉툭한 가죽 손바느질용 바늘. 일반 바늘 끝을 사포를 이용하여 뭉툭하게 갈아서 사용해도 됩니다.

리넨사
(에스코드, 츠레데사)
에스코드는 손바느질용 마사로, 굵기는 3종류가 있습니다.
츠레데사(Tsurede絲)는 원래 신사복 단추를 달 때 사용하는 실로, 꼬임이 강하고 튼튼하며 재봉실 20번 정도의 굵기입니다. 두 종류 모두 마 100%.

밀랍
손바느질용 실을 코팅해서 실의 마찰을 줄이고, 바늘땀이 느슨해지는 것을 방지하기 위해 사용하는 왁스입니다. 단면 다듬기를 할 때 사용하기도 합니다.

H 바느질하기
(바늘 2개로 새들스티치하기)

실 양쪽 끝에 끼운 바늘 2개로 번갈아가며 바느질하는 방법을 새들스티치라고 합니다. 바늘 2개의 위치 관계나 바늘의 움직임, 실 당기는 방식을 일정한 방법으로 맞추는 것이 바늘땀을 깔끔하게 완성할 수 있는 포인트입니다. 실에 바늘이 관통하지 않도록 주의하세요.

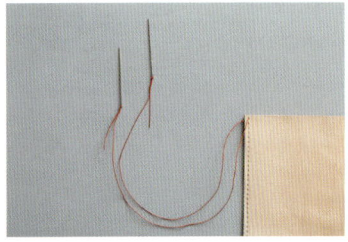

1 가죽의 첫 번째 바느질 구멍에 실을 통과시키고, 양쪽 실 길이를 똑같이 맞춥니다. 몸에서 먼 쪽에서 시작해 몸쪽으로 바느질합니다.

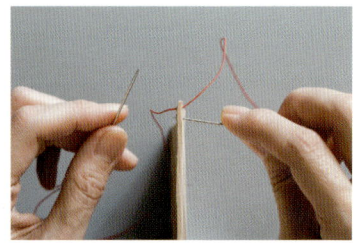

2 다음 바느질 구멍에 왼쪽에서 바늘을 넣기 쉽도록 오른 바늘을 살짝 넣었다가 오른쪽으로 다시 빼내어 바느질 구멍을 넓혀줍니다.

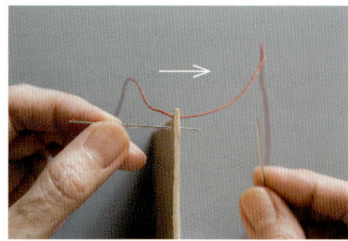

3 빼낸 오른 바늘의 뒤를 이어 왼 바늘을 넣습니다.

4 오른 바늘을 왼 바늘 아래에 대고 십자 모양으로 겹칩니다.

5 바늘이 교차된 부분을 누른 상태에서 왼 바늘을 오른쪽으로 잡아 뺍니다.

6 바늘 2개를 교차시킨 상태로 시계 반대 방향으로 90도 회전시켜 오른 바늘을 같은 구멍에 넣습니다.

7 이때 왼쪽 실에 오른 바늘이 관통하지 않도록 왼손으로 실을 잡아당겨서 실이 움직이는지 확인하며 오른 바늘을 넣습니다.

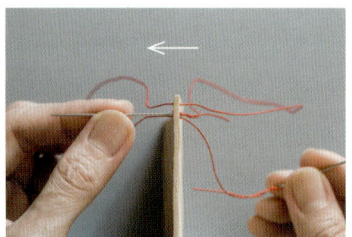

8 오른 바늘을 왼쪽으로 빼냅니다.

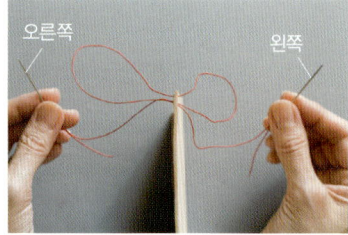

9 양쪽 바늘을 잡아당겨 실을 조여줍니다. 양쪽 실의 길이가 같아지도록 맞춥니다. 잡아당길 때도 양쪽 실을 똑같은 힘으로 당깁니다.

H 바느질할 때 사용하는 도구

골무
바늘 한 개로 꿰맬 때나 가죽이 겹쳐져 있는 두꺼운 부분을 꿰맬 때 등에 사용합니다. 반지(100쪽)와 같은 방법으로 자투리 가죽을 사용해 만들어도 됩니다.

마름송곳
오른쪽 사진과 같이 사용하거나 다이아몬드 목타로 뚫을 수 없는 부분에 구멍을 뚫을 때 사용합니다.

쪽가위
바느질한 실을 자르기 위한 작은 가위가 가까이 있으면 작업하기 편합니다.

포니
바늘 2개로 새들스티치할 때 가죽을 끼워 고정하는 도구입니다. 사진은 테이블 위에 놓고 사용하는 27cm 높이의 탁상용 포니입니다.

포니가 있으면 작업하기가 수월합니다. 마름송곳은 위의 H 바느질하기 2의 사진에서 오른쪽 바늘 역할을 합니다. 포니가 없을 때는 앉아서 무릎에 끼거나 두꺼운 책이나 무거운 물건으로 좌우를 고정하는 등의 대안을 생각해보도록 하세요.

10 한 땀 꿰맨 모습. 2~9를 반복해 같은 방법으로 바느질해나갑니다.

11 마지막 땀에서 세 구멍 전까지 바느질한 다음 일단 왼 바늘은 잠시 놓아두고, 오른 바늘로만 바느질합니다.

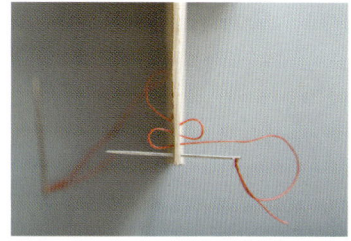

12 오른 바늘 한 개로 오른쪽과 왼쪽에서 번갈아가며 바늘을 넣어 세 땀을 꿰맵니다.

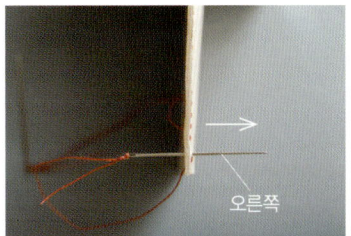

13 그 상태에서 한 땀 되돌아가 오른 바늘을 구멍에 넣어 오른쪽으로 빼냅니다.

14 잠시 놓아두었던 왼 바늘을 왼쪽에서 넣고, 오른 바늘을 아래에 대고 십자 모양으로 겹칩니다. 교차된 부분을 누른 상태에서 왼 바늘을 오른쪽으로 빼냅니다.

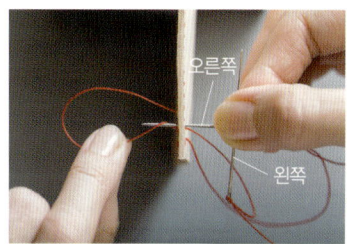

15 바늘 2개를 교차시킨 상태로 시계 반대 방향으로 90도 회전시켜 오른 바늘을 같은 구멍에 넣고, 바늘 끝에 왼쪽 실을 감아줍니다.

16 양쪽 바늘을 잡아당겨 실을 조여주다가 실이 약간 떠있을 때 실 안쪽에 송곳 끝을 이용해 접착제를 바릅니다.

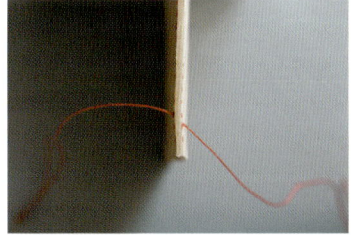

17 실을 조이고 접착제가 마른 다음, 실을 바짝 자릅니다.

18 바느질이 끝난 모습. 쇠망치로 가볍게 두드려 바늘땀이 평평해지게 합니다.

★ 주머니 입구 더블스티치하기

1 첫 번째 바느질 구멍에 바늘을 통과시킵니다.

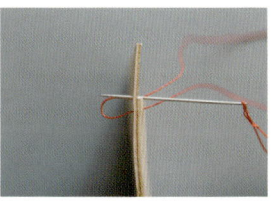

2 왼 바늘을 두 번째 구멍에 넣어 오른쪽으로 빼낸 뒤, 첫 번째 구멍으로 되돌아가 먼저 통과한 실에 관통하지 않도록 주의하며 오른쪽에서 넣습니다.

3 양쪽 실의 길이가 같아지도록 맞춰서 실을 빼낸 뒤, 먼저 통과한 실을 관통하지 않도록 주의하며 두 번째 구멍에 왼 바늘을 넣고 54쪽의 4~9와 같은 방법으로 한 땀 꿰맵니다.

4 실이 두 번 걸쳐져 더블스티치 한 땀이 완성된 모습. 주머니 입구 이외에도 바느질 시작과 끝의 가장자리에도 같은 방법으로 바느질하면 튼튼하게 완성됩니다.

바느질하기
(바늘 한 개로 꿰매기)

같은 간격으로 뚫은 바느질 구멍이라도 바늘 한 개로 러닝스티치를 하면 느낌이 달라집니다. 의도적으로 눈에 띄는 색상의 실을 사용하여 개성을 더해 주어도 좋습니다. 다만, 표면에는 한 땀씩 걸러 바늘땀이 보이므로 바늘땀 수를 꼼꼼히 세지 않으면 끝부분의 바늘땀이 맞지 않는 경우도 있으니 주의하세요.

★ 러닝스티치(홈질)

1 바느질 보조선을 그은 다음, 바늘땀이 대칭이 되게 하기 위해 꿰맬 길이의 중심 위치를 표시합니다.

2 중심 표시에 날 하나가 걸쳐지도록 목타를 대고, 이 지점부터 바느질 구멍을 정해나갑니다.

3 표면과 뒷면에서 번갈아가며 바늘을 넣어 꿰맵니다.

★ 더블 러닝스티치

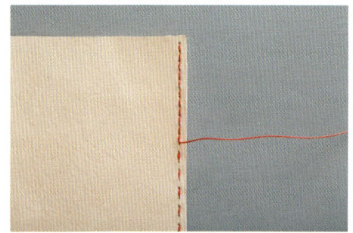

더블 러닝스티치(끝부분까지 꿰맨 다음 다시 되돌아가며 꿰맨다)하면 바늘 2개로 새들스티치한 것과 같은 바늘땀이 됩니다.

★ 래더스티치(공그르기 기법)

1 바느질 구멍을 뚫은 가죽 2장을 나란히 맞대고, 가로로 실을 걸치듯이 꿰매나갑니다.

2 왼쪽에서 오른쪽으로, 뒷면은 위에서 아래로, 다음은 오른쪽에서 왼쪽으로 꿰매나갑니다.

★ 바느질 마무리하기

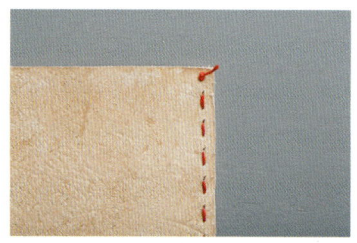

새들스티치를 했을 때나 더블 러닝스티치를 했을 때, 뒷면이 보이지 않는 경우에는 실 두 가닥을 교차시켜 두 번 묶어서 매듭지어도 됩니다.

바늘 한 개로 꿰맸을 때는 실을 한 번 감아 묶어 매듭짓습니다. 매듭에 송곳 끝을 이용하여 소량의 접착제를 바른 뒤, 쇠망치로 두드려주면 튼튼하게 마무리됩니다.

★ 마무리하기

쇠망치로 가볍게 두드려주면 바늘땀이 평평해집니다.

집에 있는 바느질 도구를 이용하는 방법

크리저나 다이아몬드 목타가 없어도 가죽에 균일한 간격으로 바느질 구멍을 뚫어 손바느질할 수 있는 방법은 없을까? 이런 고민 끝에 생각해낸 비법입니다. 바느질함에 있는 리퍼와 룰렛, 송곳을 이용하는 방법입니다. 두꺼운 가죽이나 꿰맬 길이가 길면 어려울 수 있으니 우선 작은 소품으로 시도해보세요.

리퍼
원래는 가위로 자르기 어려운 바늘땀 등의 실을 자르는 도구.

룰렛
원래는 톱니바퀴를 돌려서 종이나 천에 점선 자국을 내는 도구.

1 리퍼의 폭과 끝부분의 길이 차이를 이용하여 단면에 대고 바느질 보조선을 긋습니다.

2 바느질 보조선 위에 룰렛으로 덧그어줍니다. 직선 부분에는 자를 사용해도 됩니다.

3 룰렛으로 찍은 점을 그대로 이용하면 간격이 지나치게 좁으므로 한 땀씩 걸러 송곳으로 구멍을 뚫습니다.

4 바늘 2개로 새들스티치 또는 바늘 한 개로 더블 러닝스티치를 합니다.

J 다듬기

단면이나 뒷면에 일어난 잔털을 정리하여 매끄럽게 다듬는 작업입니다. 다듬기에 적합한 가죽과 적합하지 않은 가죽이 있어 마감제를 바르면 얼룩이 지는 경우도 있으므로 반드시 자투리 가죽으로 시험해보도록 하세요. 천으로 문질러도 되지만, 유리판이나 병 같이 단단한 것으로 문질러주는 것이 효과적입니다.

★ 단면 다듬기

1 단면을 사포로 갈아냅니다.

2 마감제를 펴 바릅니다.

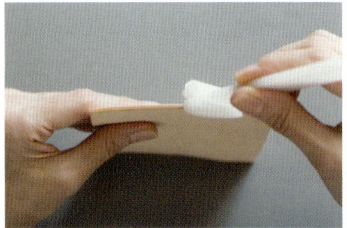
3 슬리커로 문질러서 다듬어줍니다.

★ 뒷면 다듬기

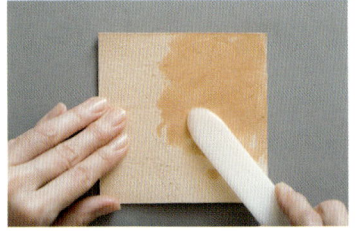
1 뒷면에 마감제를 펴 바릅니다.

2 유리판으로 문질러서 다듬습니다. 빈 유리병 같은 것을 이용해도 됩니다.

[단면이나 뒷면을 다듬는 순서]

마감제를 사용해 뒷면을 다듬을 때는 가재단을 한 다음에 작업합니다. 단면 다듬기는 만드는 순서에 맞춰 작업하세요. 예를 들어 주머니 입구는 꿰매기 전에 다듬고, 옆선은 꿰맨 후 2장을 한꺼번에 다듬는 등의 순서로 진행합니다. 가죽을 접착제로 맞붙이는 것과 같은 다음 작업은 마감제가 마른 다음에 진행하도록 합니다.

용어설명

맞춤표시
곡선을 포함한 재단 조각 등 2장을 정확히 맞추기 위한 표시. 예를 들어 실물 크기 도안에 있는 표시 ▽와 ▽, ▼와 ▼끼리 맞대어 접착제로 붙이고, 꿰맵니다.

배접
종이, 천, 가죽 등의 뒤에 한 장 더 겹쳐 붙여서 보강하는 것. 실물 크기 도안은 먼저 얇은 종이에 본을 떠서 두꺼운 종이로 배접하면 빳빳해져 사용하기 편합니다.

가재단
나중에 정확히 다시 자를 것을 전제로 형지보다 더 크게 자르는 것.

정재단
가재단한 것에 형지를 놓고 정확하게 다시 자르는 것. 가재단한 2장을 접착제로 맞붙인 다음 정재단하는 경우도 있습니다.

굵기
가죽 표면에 접착제를 발라 맞붙일 때, 그대로 접착제를 바르면 떨어지기 쉬우므로 접착력을 높이기 위해 표면에 흠집을 내는 것. 칼끝으로 긁어도 되지만 사포가 더 편리합니다.

은면(銀面)
가죽의 표면. 가죽 본연의 주름이 있거나 울퉁불퉁하게 가공되어 있는 등 개성이 다양합니다. 가죽에 표시하기, 재단하기, 선 긋기, 바느질 구멍 뚫기와 같은 작업은 은면을 보고 작업합니다.

상면(床面)
가죽의 뒷면. 그대로 사용해도 될 때도 있지만, 뒷면에 잔털이 일어나는 것을 방지하고 매끄럽게 정리하고 싶을 경우에는 마감제를 발라 다듬어줍니다.

단면
가죽의 절단면. 겉 봉제를 할 때 단면이 겉으로 나올 경우에는 다듬기 작업을 해서 마무리하면 좋으나, 다듬기를 할 수 없는 가죽도 있습니다. 깔끔하게 재단하는 것이 중요합니다.

안 봉제
가죽 2장을 겉끼리 맞대어 꿰맨 다음 겉으로 뒤집는 방법으로, 바늘땀이 안쪽으로 들어가 보이지 않습니다. 얇고 부드러운 가죽이 적합합니다.

겉 봉제
가죽 2장을 안끼리 맞대어 꿰매는 방법으로, 바늘땀이 겉으로 나옵니다. 두꺼운 가죽이나 단단하고 탄력 있는 가죽이 적합합니다.

J 다듬기 할 때 사용하는 도구

마감제 (토코피니시)
주로 타닌 무두질 가죽의 뒷면이나 단면을 다듬을 때 사용합니다. 끈기가 있는 무색투명 액체로, 잔털이 일어나는 것을 방지하고 매끄럽게 마무리됩니다.

슬리커
가죽의 뒷면이나 단면을 다듬을 때, 접는 선이나 바느질 보조선을 그을 때 등 다양한 용도로 사용할 수 있는 편리한 도구입니다.

유리판
타닌 무두질 가죽의 뒷면을 다듬을 때 사용합니다. 가죽을 손으로 얇게 깎아낼 때 받침으로도 사용합니다.

사포(스틱)
접착이 잘 되게 하기 위해 가죽 표면을 긁거나, 다듬기 전에 단면을 정리할 때 사용합니다. 입자가 거친 것과 고운 것이 앞뒤로 붙어 있는 양면형이 편리합니다.

가죽 소품 만들기 Lesson •작품편•

기본 작품 1　**09 카드지갑**　작품→16쪽·실물 크기 도안→114쪽

가죽 손바느질 입문 작품으로 인기 있는 카드지갑입니다.
가죽을 붙이고 접어서 주머니 세 칸을 만들 수 있는 디자인입니다.
직선이므로 가재단해서 맞붙인 다음 정재단을 하는 방법이 아닌,
처음부터 정확히 재단해서 맞붙이는 방법으로 만들었습니다.

● 재료
- 말가죽—진갈색(두께 1.2mm) 12cm×35cm
- 소가죽—은박(두께 1.2mm) 12cm×35cm
- 돼지가죽—베이지색(두께 1mm) 12cm×35cm

1 형지를 만듭니다. 겉가죽과 주머니 부분을 각각 1장씩 만듭니다.

2 가죽을 재단합니다. 겉가죽 1장, 주머니 2장을 자릅니다. 맞춤표시도 찍어둡니다.

3 뒷면과 주머니 입구의 단면을 마감제로 다듬습니다. 겉가죽에 가볍게 접는 선 자국을 내줍니다.

4 겉가죽 뒷면에 5mm 폭으로 접착제를 바르고, 주머니a의 입구를 제외한 세 변을 붙입니다.

5 주머니b를 꿰맬 위치에 접착제를 바르고 양옆을 붙입니다.

6 겉가죽을 접어 올려 붙일 부분의 표면을 5mm 정도 폭으로 사포로 긁어줍니다.

7 6에서 긁어놓은 부분에 접착제를 바르고, 겉가죽을 접어 올려 양옆을 붙입니다.

8 주머니b 양옆에 단면에서 안쪽으로 3mm 폭의 바느질 보조선을 긋습니다.

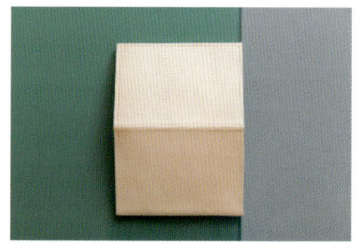

9 덮개 부분은 겉쪽에서 선을 긋습니다.

● 완성 크기

14.75

10.5

10 바느질 보조선에 다이아몬드 목타를 대고 나무망치로 두드려 바느질 구멍을 뚫습니다.

11 주머니 입구는 바깥쪽에 날 하나가 걸쳐지도록 목타를 대고 구멍을 뚫습니다.

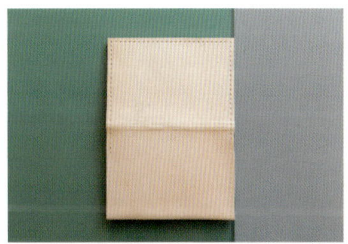

12 덮개 부분은 겉쪽에서 구멍을 뚫습니다. 10과 나란히 이어지도록 합니다.

13 주머니b의 양옆을 새들스티치로 꿰맵니다.

14 주머니 입구는 더블스티치로 꿰맵니다. 바느질 마무리는 세 땀을 바늘 한 개로 되돌아 꿰매고 실을 자릅니다.

15 덮개 부분은 겉쪽에서 꿰맵니다.

16 단면을 사포로 다듬어 정리합니다. 16쪽 작품은 이 과정에서 모서리를 약간 둥글게 자른 다음 단면을 다듬었지만, 직각을 그대로 두어도 괜찮습니다.

17 단면에 마감제를 바릅니다.

18 슬리커 등을 사용해 다듬어줍니다.

기본 작품 2 29 연필 캡   작품→29쪽 · 실물 크기 도안→127쪽

처음으로 바늘 2개를 사용하여 가죽을 손바느질할 때 연습용으로 제격입니다.
작은 자투리 가죽 2장을 접착제를 발라 맞붙여 테두리를 꿰매기만 하면 완성됩니다.
다양한 가죽을 사용해서 만들면 펜꽂이가 알록달록 화사해진답니다.
길이와 두께를 조절하면 송곳 같은 도구 커버로도 사용할 수 있습니다.

● 재료(1개 분량)
· 각종 가죽(두께 1~1.2mm) 5cm×6cm

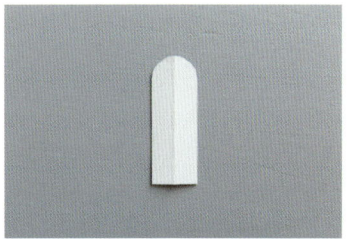

1 형지를 만듭니다. 중심선을 기준으로 반으로 접어 좌우가 대칭을 이루게 합니다.

2 형지보다 2mm가량 크게 2장을 가재단합니다.

3 바느질할 위치의 뒷면에 3mm 정도 폭으로 접착제를 바르고, 2장을 맞붙입니다.

4 형지를 대고 정재단을 합니다. 송곳으로 외곽선을 옮겨 그리고, 형지를 떼어 낸 뒤 잘라도 됩니다.

5 곡선 부분은 한 번에 자르려 하지 말고 여러 번 나눠 자릅니다.

6 단면에서 안쪽으로 3mm 폭의 바느질 보조선을 긋습니다.

7 바느질 보조선에 다이아몬드 목타를 대고 나무망치로 두드려 바느질 구멍을 뚫습니다. 곡선은 2날 목타로 뚫습니다.

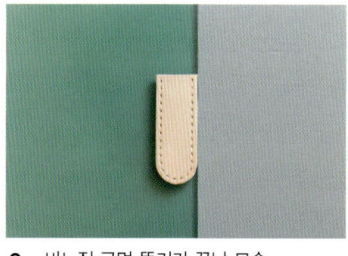

8 바느질 구멍 뚫기가 끝난 모습.

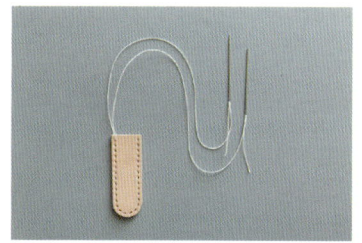

9 새들스티치로 꿰맵니다. 바느질 시작과 마지막의 한 땀은 더블스티치로 꿰매고 실을 자릅니다.

10 단면은 사포로 다듬어 정리합니다.

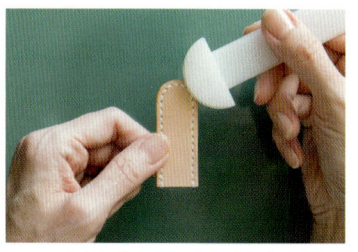

11 단면에 마감제를 발라 다듬어줍니다.

● 완성 크기

5.5

2

가죽 기초 지식

가죽의 종류는 천차만별입니다. 두께감이나 단단함, 탄력성과 신축성 등의 특징을 잘 파악하여 만들고자 하는 작품에 적합한 가죽을 선택하는 것이 생각한 대로 작품을 완성할 수 있는 중요한 첫 단계입니다. 여기에서는 가죽에 대해 최소한 알아두어야 할 것을 소개합니다. 가죽을 구입하러 가서 모르는 것이 있으면 가죽 재료 전문점 직원에게 문의하세요.

'껍질'과 '가죽'의 중간 과정에 있는 것이 '무두질'

가죽은 원래 동물의 피부, 즉 살가죽입니다. 동물에서 벗겨 낸 그대로의 것은 '껍질(皮)'이고, 가방, 구두, 의류품으로 가공된 것이 '가죽(革)'입니다. 그리고 그 중간에 거치는 작업 과정을 '가죽 혁(革)' 자에 '부드러울 유(柔)' 자를 써서 '무두질한다(鞣, 가죽 유)'고 합니다. 동물의 껍질을 그대로 방치하면 부패되고 말라서 딱딱해지므로 이를 유용하게 사용할 수 있도록 부드럽게 가공하는 무두질 과정을 거쳐야 가죽이 됩니다. 그러므로 우리가 다루는 것은 가죽(革)입니다. 또한 '가죽 혁(革)'이라는 한자는 동물의 껍질을 펼쳐놓고 무두질하는 모습을 표현한 상형문자입니다. 다만 '모피(毛皮)'는 무두질 과정을 거치지만 '가죽 피(皮)' 자를 씁니다.

은면, 상면, 단면에 대해서

가죽의 표면을 은면(銀面), 뒷면을 상면(床面), 절단면을 '단면'이라고 합니다. 표면(은면)의 생김새가 취향에 맞는 가죽을 선택하면 가장 좋겠지만, 만들고자 하는 작품이나 제작 방법에 적합한지 직접 만져보고 확인하는 것도 중요합니다. 표면뿐 아니라 뒷면(상면)의 상태도 살펴보고, 가능한 한 결이 고르고 깨끗한 것을 고르는 편이 좋습니다. 단면 다듬기는 일반적으로 타닌 무두질 가죽에 하는 작업이지만, 다른 가죽에 다듬기할 수도 있습니다. 이를 확인하려면 눈에 잘 띄지 않는 부분에 시험해보는 방법밖에 없습니다. 다듬기 방법에도 여러 가지가 있으며, 단면에 바르는 염료나 안료도 있습니다. 물론 재단한 상태 그대로 두어도 괜찮습니다.

무두질의 종류

무두질 방법은 크게 '타닌 무두질'과 '크롬 무두질' 두 종류로 나뉩니다. 타닌 무두질은 식물에서 유래한 타닌으로 무두질하는 방법으로, 단단하고 잘 늘어나지 않으며 탄력이 있습니다. 수분을 잘 흡수하고 햇빛에 의해 황갈색으로 변하거나 색바램 현상이 있지만, 그만큼 자연스러운 질감과 시간이 지날수록 깊은 멋을 더해갑니다. 크롬 무두질은 화학 약품을 사용해 무두질하는 방법으로, 유연성과 신축성이 뛰어나고 쉽게 변색되지 않으며 표면에 흠집이 잘 생기지 않습니다. 이 두 가지 무두질의 장점을 살린 '혼합 무두질'도 있습니다. 또한 무두질 후의 염색 방법이나 엠보싱 가공, 에나멜 가공, 호일 가공 등 표면 가공 방법에도 다양한 기법이 있습니다.

가죽의 두께, 섬유 조직의 방향

가죽의 두께는 다양하지만, 얇게 가공해야 하는 경우가 있는데 이 과정을 '피할(皮割)' 또는 '스카이빙(skiving)'이라고 합니다. 한 면을 전체적으로 균일하게 얇게 깎는 경우와 시접 등을 부분적으로 얇게 깎는 경우가 있으며, 피할 가공을 전문적으로 해주는 곳도 있습니다. 이 책의 작품들은 모두 피할을 하지 않고 만들었으나, 두꺼운 가죽을 구입했을 때는 구입한 가죽 재료 전문점에 문의하세요. 가죽은 두께나 상태가 일정하지 않은데, 일반적으로 등 주변은 잘 늘어나지 않고 튼튼하며, 배 주변은 얇고 잘 늘어납니다. 재단할 때는 흠집이나 오염된 부분을 제외하도록 하고, 잡아당겼을 때 늘어나는 섬유 조직의 방향도 주의하세요. 단단한 가죽은 손으로 주물러 섬유 조직을 풀어주면 부드러워집니다.

가죽 보관법과 가죽 제품 손질법에 대해서

남은 가죽 재료를 보관할 때는 직사광선에 노출되는 장소나 고온다습한 환경은 피하도록 합니다. 주름이 잡힐 수 있으므로 접지 말고, 큰 가죽은 표면을 안쪽으로 향하게 놓고 둘둘 말아 두면 좋습니다. 작품으로 완성된 가죽 제품은 부드러운 천이나 브러시로 먼지를 털어내고, 때때로 가죽용 크림과 오일로 유분을 보충해 관리해줍니다. 오염되었을 때는 가죽용 클리너를 사용하세요. 얼룩지거나 변색되는 경우도 있으므로 무언가를 바를 때는 반드시 눈에 띄지 않는 부분에 발라서 확인해보도록 하세요. 시간이 흐를수록 윤기가 나거나 부드러워지는 등의 경년변화는 가죽에 따라 다르지만, 습기나 햇빛에 주의하며 매일 사용하는 것이 가장 좋습니다.

* 경년변화: 사용할수록 손때가 묻어 만들어지는 독특한 사용감을 일컫는다. 색이 짙어지고 윤기가 더해져 부드러워진다.

* 피할: 가죽의 뒷면을 깎아서 두께를 조절하는 작업을 말한다. '스카이빙'이라고도 한다. 한 면의 두께를 균일하게 깎아내는 면 피할, 가장자리를 깎아내는 부분 피할 등이 있다.

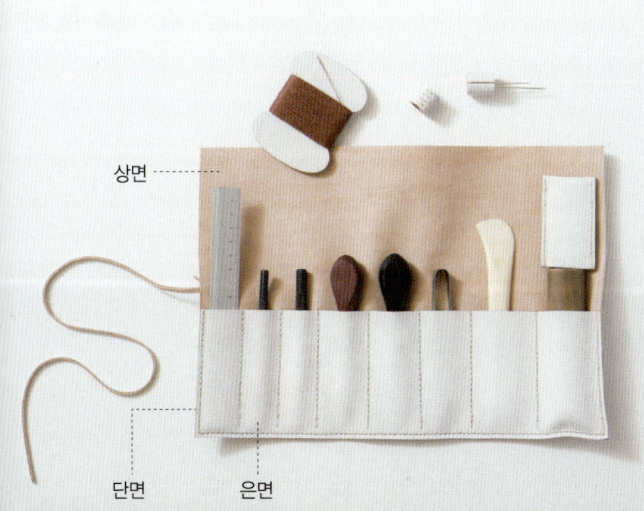

상면 / 단면 / 은면

이 책에 실린 작품에 주로 사용한 가죽에 대해서

A

B

C

D

E

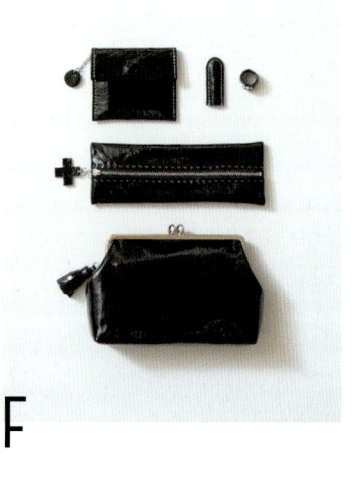

F

G

H

한 장의 가죽을
효율적으로 사용하여
많은 작품을 만들어보세요.

이 책에 실린 작품은 커다란 가죽 한 장이 아닌 자투리 가죽을 사용해 만들었습니다.
한 작품만 만든 가죽도 있으나, 여러 작품에 쓰인 가죽에 관해서 가죽 종류별로 작품을 정리해 놓은 것이 62쪽의 사진입니다.
매번 다른 가죽을 접하게 되겠지만, 가죽을 선택할 때 참고하세요.
「 」는 가죽 재료 전문점에서 주요상품으로 판매하고 있는 가죽입니다. 문의는 128쪽 참조.

A 소가죽-은박 (두께 1.2mm)「프레셔」

카드지갑(16쪽), 지갑(21쪽), 연필 캡(29쪽), 샌들(34쪽), 반지B(39쪽), 태슬(43쪽)

유연성이 과하지 않고 적당히 탄력 있고 힘이 있어 겉 봉제를 하는 작품에 적합합니다. 원래 메탈릭 가공 가죽은 다듬기 작업을 하기에 적합하지 않으나, 사포로 깔끔하게 정리해줄 수는 있습니다. 뒷면도 하얗고 조직이 치밀하기 때문에 카드지갑이나 일반지갑처럼 열었을 때 뒷면이 노출되는 작품에 사용해도 좋습니다. 또한 염색을 하지 않은 활피와도 잘 어울리므로 샌들은 두 가죽의 조화가 돋보이도록 만들었습니다.

B 소가죽-검은색 구김 가공 (두께 1.8mm)

사각 미니 숄더백(10쪽), 안경집(27쪽), 재단가위 케이스(45쪽), 쪽가위 케이스(45쪽)

단단하고 두께감이 있으므로 견고하게 만들고 싶은 작품에 적합합니다. 사각 미니 숄더백과 안경집은 덮개 부분까지 하나로 이어진 몸판에 옆판을 따로 연결해 만들었습니다. 튼튼하기 때문에 금속장식을 사용한 디자인에도 적합합니다. 또한 가위 케이스처럼 칼날을 보호하기 위한 도구 커버에도 제격입니다. 구김 가공이 되어 있어 독특한 개성이 있으며 검은색이라도 단조로워 보이지 않습니다.

C 돼지가죽-빨간색 (두께 1.1mm)「러세티 니블릭」

토트백(6쪽), 마름모꼴 파우치(15쪽), 키 커버(25쪽), 펜 케이스A(28쪽), 연필 캡(29쪽), 브로치A(39쪽), 반지D(39쪽)

100% 식물성 타닌으로 무두질한 일본산 돼지가죽에 왁스와 오일로 풀 업(pull up) 가공한 가죽으로, 독특한 광택이 있습니다. 유연성과 두께감이 적당해서 겉 봉제할 때나 안 봉제할 때 모두 사용하기 좋습니다. 물론 타닌 무두질한 가죽이므로 단면 다듬기 작업도 할 수 있습니다. 발수성은 있지만 방수가 되는 것은 아니므로 주의해야 합니다.

D 낙타가죽-흰색 (두께 1.5mm)

키홀더B(25쪽), 펜 케이스B(28쪽), 연필 캡(29쪽), 목걸이B(38쪽), 4홀 단추(43쪽), 태슬(43쪽), 가죽칼 커버(46쪽), 도구 케이스(46쪽)

가벼우면서도 튼튼하고 탄력 있으며, 소가죽보다 내구성이 강하다고 알려져 있습니다. 표면은 안료로 하얗게 염색되어 있으나 얇게 도포되어 가죽의 결이 보이도록 가공되어 있고, 뒷면도 베이지색입니다. 부드러운 느낌을 살려 모든 작품을 화이트 레인(무염색 라미와 리넨의 혼방사)으로 바느질했습니다. 조직이 치밀하므로 단면은 재단한 상태 그대로 두어도 됩니다.

E 양가죽-은박 (두께 0.8mm)

캐러멜 파우치(14쪽), 주머니·중(18쪽), 티슈 케이스(22쪽), 목걸이A(38쪽)

비교적 얇고 부드러워서 마치 천을 다루듯이 사용할 수 있습니다. 손바느질로 러닝스티치해도, 재봉틀로 박음질해도 됩니다. 안 봉제해서 뒤집는 작품에는 적합하지만, 겉 봉제를 하는 견고한 작품에는 적합하지 않습니다. 호일 가공한 가죽은 표면을 보아서는 가죽 상태를 알기 어려우므로 뒷면을 자세히 살펴보거나 당겨보거나 해서 많이 늘어나거나 약한 부분을 제외하고 주의하여 재단해야 합니다.

F 양가죽-검은색 에나멜 (두께 1mm)

프레임 파우치(13쪽), 거울 & 케이스(23쪽), 펜 케이스C(28쪽), 연필 캡(29쪽), 반지C(39쪽)

에나멜 가공을 한 표면의 느낌과는 전혀 다른 양가죽 특유의 유연성이 있어 안 봉제해서 뒤집는 작품에도 좋습니다. 다소 발수성이 있으므로 래미네이트 가공 천처럼 사용할 수 있으나, 만약 재봉틀로 박음질한다면 겉 봉제를 할 때는 래미네이트 천을 다룰 때와 마찬가지로 주의를 기울여야 합니다. 에나멜 가공이나 호일 가공 등의 가죽은 단면 다듬기 작업을 하기 어려우므로 재단면이 보이는 부분은 깔끔하게 자르는 것이 철칙입니다.

G 말가죽-진갈색 (두께 1.2mm)

카드지갑(16쪽), 동전지갑A(20쪽), 키홀더A(25쪽), 북 커버A(26쪽), 연필 캡(29쪽), 반지A(39쪽), 손잡이(42쪽)

오일 가죽 특유의 부드러운 질감을 지녔으며, 가소성이 높아 다루기 쉬운 가죽입니다. 단면도 깔끔하게 다듬을 수 있습니다. 검은색에 가까운 초콜릿색은 어떤 색상의 실과도 잘 어울리므로 바늘땀을 강조하는 디자인에도 적합합니다. 용도가 다양해 여러 작품에 사용할 수 있는 유용한 가죽입니다.

H 돼지가죽-베이지색·카멜색 (두께 1mm)「러세티 내추럴」

카드지갑(16쪽), 동전지갑B(20쪽), 키 커버(25쪽), 연필 캡(29쪽), 쿠션 커버(35쪽), 브로치C(39쪽), 바늘꽂이(44쪽)

100% 식물성 타닌으로 무두질한 일본산 돼지가죽. 천연 소재 특유의 촉감이 매력적이며 자연 친화적인 친환경 가죽입니다. 안 봉제나 겉 봉제에 모두 사용할 수 있으므로 다양한 작품에 사용하기 좋습니다. 다만, 물을 흡수하고 햇빛에 의해 색이 변하므로 이를 유념하여 시간의 흐름에 따라 멋을 더해가는 변화를 즐겨보세요.

* 활피: 식물성 타닌(떫은맛을 내는 성분)으로 무두질한 가죽으로, 염색이나 도장 등 표면 가공을 하지 않은 일본산 내추럴 베지터블 가죽. '누메 가죽'이라고도 한다.
* 구김 가공: 무두질한 후에 인위적으로 구김을 만들어 주름을 강조하는 가공법.
* 오일 가공: 무두질한 가죽에 오일을 침투시켜 유연성과 내구성을 높인 가죽으로, 오일 업(oil up) 가죽이라고도 한다. 내수성이 강하고 촉촉한 느낌이 있다.
* 풀 업 가공: 가죽의 섬유 조직 내부에 다량의 왁스와 오일을 침투시키는 가공법. 이후에 광내기 과정을 더하는 경우도 있다. 가죽을 구부리면 색이 밝게 변한다.
* 호일 가공: 가죽 표면에 금박이나 은박 등의 금속성 호일을 입히는 가공법.
* 래미네이트 가공 천: 직물 표면에 수지 필름을 붙이는 가공 과정을 거쳐 방수성.

보온성, 강도를 높인 천이다.

* 메탈릭 가공: 도장할 때 펄과 같은 다양한 금속성 색상을 첨가하여 가공하거나, 금속성 필름(호일)을 코팅하여 가죽 표면에 금속성 느낌을 더해주는 가공법.
* 에나멜 가공: 패턴트 가공이라고도 하며, 가죽 표면에 우레탄 수지를 도포하여 광택을 내는 가공법.
* 가소성: 외부의 힘에 의해 형태가 변한 물체가 외부의 힘이 없어져도 원래의 형태로 돌아오지 않는 성질. 가죽의 경우 성형(형태를 잡는 것)이 용이하다.
* 타닌 무두질: 나무껍질, 잔가지, 나무열매, 잎, 줄기 등 식물에서 추출한 타닌 성분을 이용해 무두질하는 방법.

작품 만들기

◉ 작품을 만들기 전에 48~63쪽을 자세히 읽고 가죽 소품 만들기의 기초와 도구에 대한 내용을 확인해두도록 하세요. 선 긋기, 바느질 구멍 뚫기, 다듬기와 같은 기본적인 작업에 대해서는 작품 만들기 설명에는 생략되어 있습니다.

◉ 완성 크기는 별도의 표기가 없을 경우에는 가로(너비)×세로(높이), 가로(너비)×세로(높이)×옆면(폭) 순으로 표기하였으나, 다소 오차가 있을 수 있습니다. 가방의 손잡이, 프레임의 물림쇠 부분은 포함되어 있지 않습니다.

◉ 재료의 치수는 가로×세로 순으로 표기했습니다. 가죽의 경우 재단 조각이 한 개일 경우에는 정확한 치수 또는 끝자리 수 올림 한 숫자이며, 재단할 조각이 여러 개일 경우에는 약간 여분을 두고 배치했을 때의 치수를 표기했습니다. 가죽은 천과 달리 형태가 일정하지 않거나, 흠집이나 구멍이 있어 각 부분의 형지를 나란히 놓고 재단할 수 없는 경우도 있으므로 필요한 면적보다 넉넉히 준비하도록 하세요. 발을 벌려서 꽂는 금속장식의 뒷면에 붙인 덧대는 가죽은 재료에 포함되어 있지 않습니다. 얇은 자투리 가죽을 이용하세요.

◉ 가죽의 면적을 나타내는 단위는 '데시(DS, Square Decimeter)'라고 부르며, 1데시=10㎝×10㎝입니다. 가죽 재료 전문점에서는 '데시(DS)'로 표기되어 있는 경우가 많으므로 면적 표기를 기준으로 환산하도록 하세요. 국내에서는 주로 평(30㎝×30㎝) 단위로 거래가 이루어지고, 일본을 비롯한 다른 나라는 DS를 사용합니다.

◉ 실물 크기 도안은 지면 관계로 '골선'이라고 표기한 부분이 있는데, 이 부분은 펼친 상태의 형지를 반드시 두꺼운 종이로 만들도록 하세요. 실물 크기 도안이 없는 일부의 재단 조각은 제도 항목에 제시되어 있으니 이를 참조해 형지를 만드세요. 맞춤표시 등도 잊지 말고 가죽에 옮겨두도록 하세요.

◉ 실물 크기 도안, 제도 항목 모두 시접이 포함되어 있습니다. 일부를 제외한 나머지는 단면에서 3㎜ 안쪽에 바느질합니다.

◉ 가죽을 가공하기 쉽도록 두께를 얇게 깎는 과정을 '피할' 또는 '스카이빙'이라고 합니다. 전체적으로 얇게 피할하는 경우와 시접 등을 부분적으로 피할하는 경우가 있습니다. 이 책은 두꺼운 가죽이 적합한 작품을 제외하고, 1㎜ 전후의 다루기 쉬운 가죽을 사용하여 피할을 하지 않고 만들 수 있는 작품들로 구성되어 있습니다. 피할이 필요한 가죽을 구입했을 때에는 가죽 재료 전문점을 방문해 상담하세요.

* 골선: 실물 크기 도안이나 제도 항목에서는 반으로 접히는 부분을 가리킨다. 골선이라고 표기한 부분은 잘린 단면이 아닌 대칭이라는 뜻이다.

01 토트백 6쪽

● **완성 크기**: 37cm(입구)/29cm×23cm×8cm

● **재료**
돼지가죽-빨간색(두께 1.1mm) 55cm×65cm

● **만드는 법**

☆ **손잡이를 만든다**
1. 손잡이 2장을 안끼리 맞대어 접착제로 붙이고 새들스티치로 꿰맨다①. 같은 방법으로 2개 만든다.

☆ **주머니를 만든다**
2. 주머니를 바닥 쪽에서 접어 양옆을 새들스티치로 꿰맨다②.

☆ **안단을 만든다**
3. 안단 1장 가운데에 주머니를 겹쳐놓고 새들스티치로 꿰맨 뒤③, 나머지 안단 1장과 겉끼리 맞대어 양옆을 새들스티치로 꿰맨다④.

☆ **조립한다**
4. 몸판 2장을 겉끼리 맞대어 양옆과 바닥을 새들스티치로 꿰매고⑤, 바닥 모서리를 새들스티치로 꿰맨다⑥.
5. 손잡이를 사이에 놓고, 4와 안단을 겉끼리 맞대어 입구 부분을 한 바퀴 돌아가며 새들스티치로 꿰맨다⑦.
6. 겉으로 뒤집은 다음, 안단 전면에 접착제를 발라 붙인다.

☆ **제도**

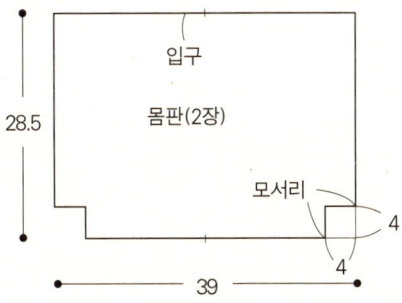

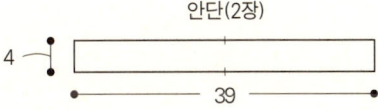

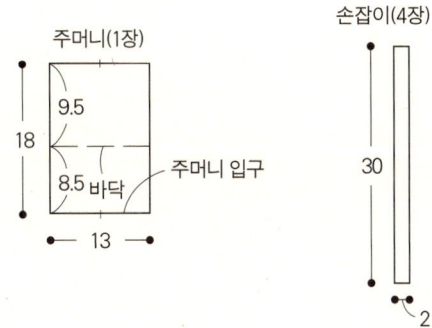

☆ 손잡이를 만든다

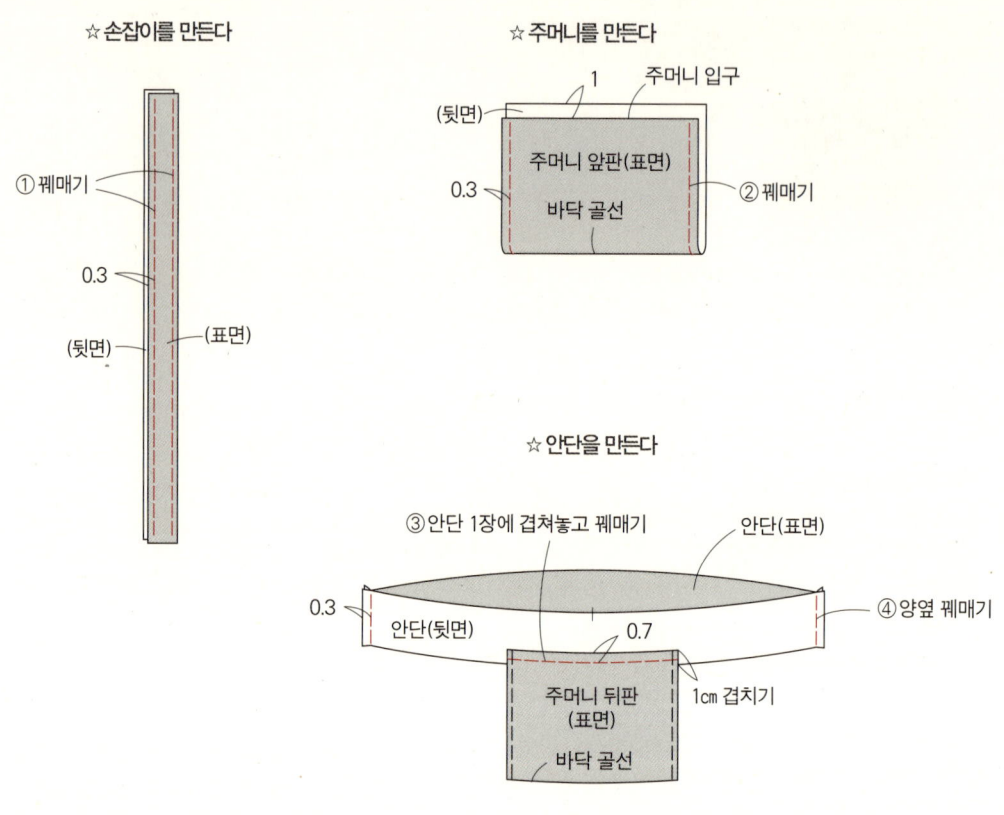

☆ 주머니를 만든다

☆ 안단을 만든다

☆ 조립한다

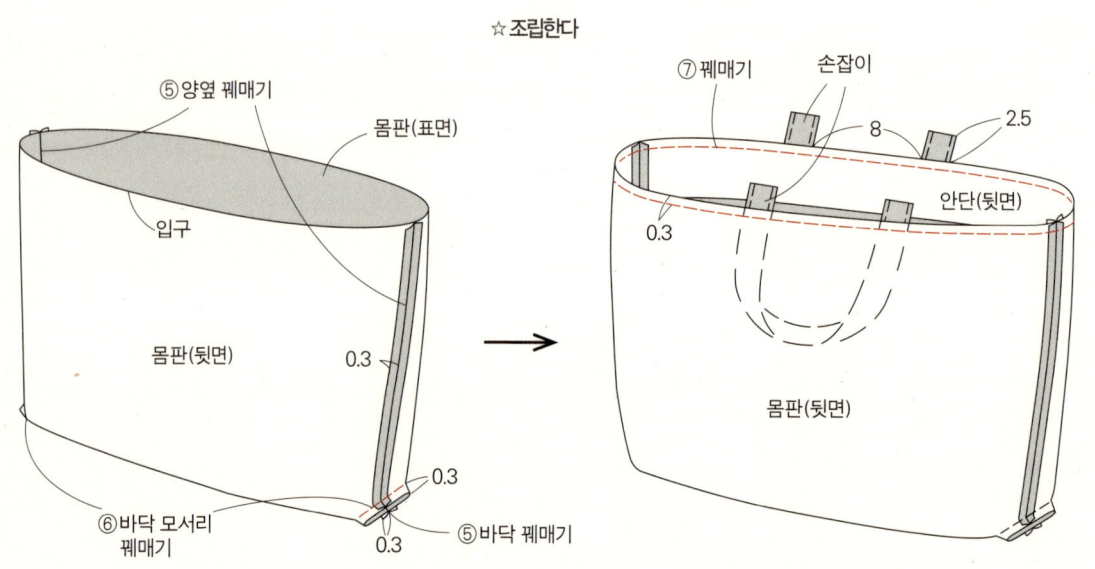

02 플랫백 8쪽

◉ **완성 크기:** 40cm×30cm

◉ **재료**
소가죽—은박(두께 1.3mm) 41cm×62cm
소가죽—회색(두께 1mm) 25cm×35cm

◉ **만드는 법**

☆ **손잡이를 만든다**
1. 손잡이를 안끼리 맞대어 반으로 접고, 러닝스티치로 꿰맨다①. 같은 방법으로 2개 만든다.

☆ **주머니를 만든다**
2. 주머니 윗판을 주머니 밑판에 겹쳐놓고, 러닝스티치로 꿰맨다②.

☆ **조립한다**
3. 안단 전면에 접착제를 발라 앞판에 붙이고, 뒤판에는 주머니의 윗부분 3㎝를 접착제로 붙인다③.
4. 각각 주머니와 안단까지 관통하도록 손잡이를 새들스티치로 꿰매 단다④.
5. 앞판과 뒤판을 안끼리 맞대어 새들스티치로 꿰맨다⑤.

40cm×30cm 크기의 가죽 2장으로 만든 노트북용 가방입니다.
손잡이나 주머니는 다른 자투리 가죽을 조합해서 만들어보세요.

◉ **실물 크기 도안→109쪽**(곡선 부분만)

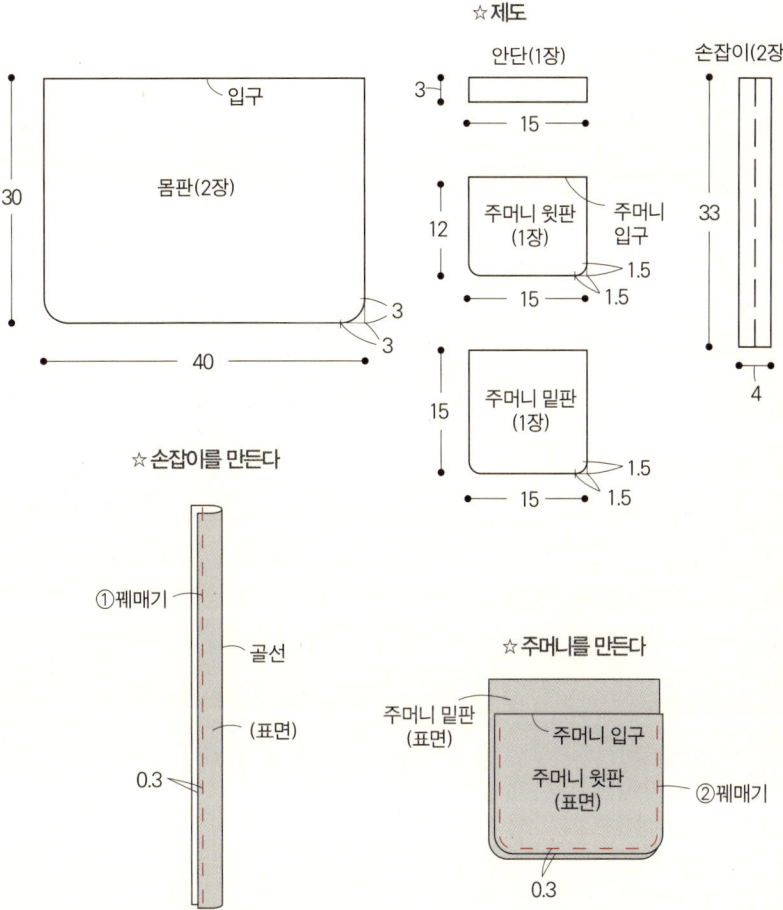

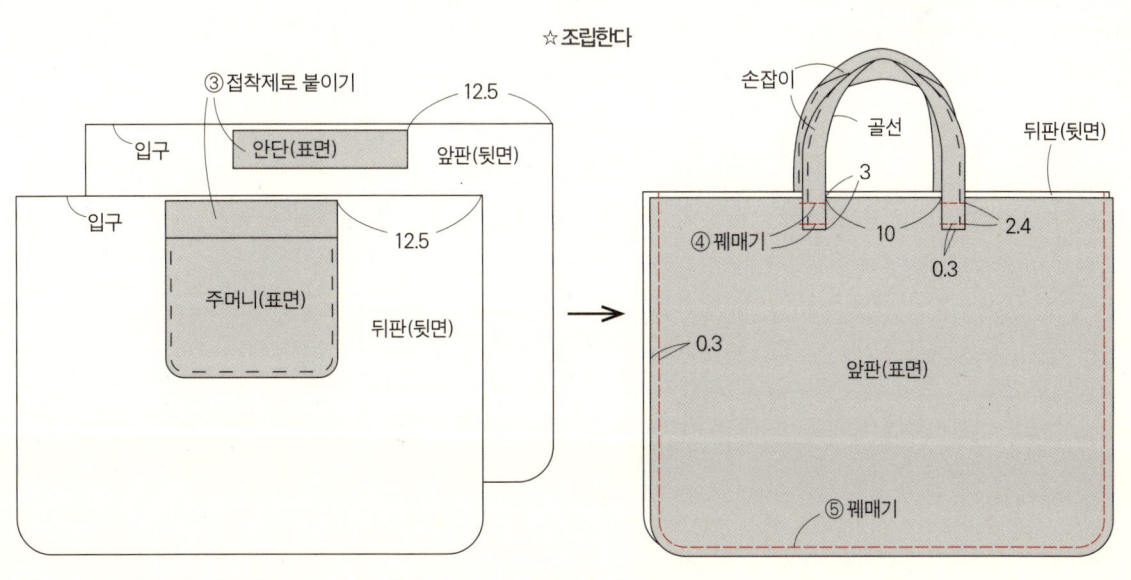

03 사각 미니 숄더백 10쪽

두껍고 단단한 가죽의 특성을 살린 디자인입니다.
어깨끈은 벨트용으로 재단된 가죽을 이용해도 됩니다.
어깨끈을 달지 않고 클러치백으로 사용해도 멋스럽답니다.

◉ **완성 크기**: 23.5cm×13cm×4.5cm

◉ **재료**
소가죽-검은색 구김 가공(두께 1.8mm)
 30cm×82cm
슬라이드형 잠금장식(부속 리벳) 22mm×
 32mm 1쌍
버클(폭 21mm) 1개
사각링(폭 21mm) 2개

◉ **만드는 법**

☆ **몸판을 만든다**
1. 몸판의 뒤판 부분에 새들스티치로 주머니를 단다①.
2. 몸판의 덮개 부분과 앞판 부분에 슬라이드형 잠금장식을 달고, 암장식 뒤에 가로 3cm×세로 4cm 크기의 덧대는 가죽을 접착제로 붙인다②.

☆ **옆판을 만든다**
3. 사각링에 사각링 고리를 끼우고, 반으로 접어 접착제로 맞붙인 뒤, 옆판에 새들스티치로 꿰매 단다③. 같은 방법으로 2세트 만든다.

☆ **조립한다**
4. 몸판과 옆판을 안끼리 맞대어 새들스티치로 꿰맨다④.

☆ **어깨끈을 만든다**
5. 어깨끈을 만들고, 사각링에 끼워 새들스티치로 꿰맨다⑤.

◉ **실물 크기 도안→109쪽**

☆ **제도**

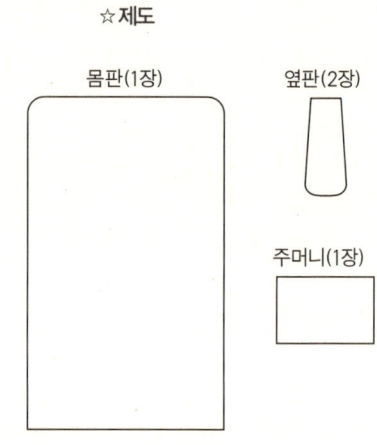

몸판(1장) 옆판(2장)

주머니(1장)

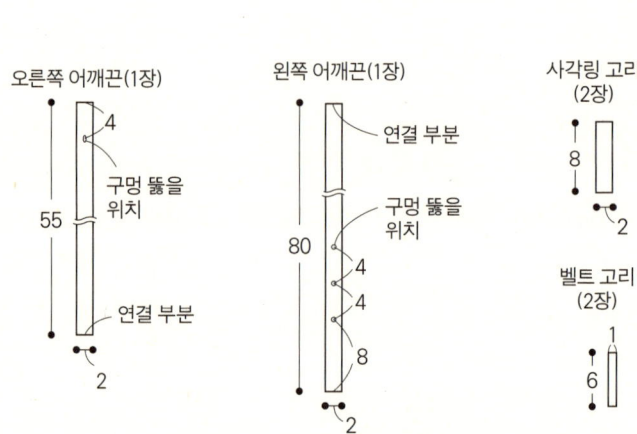

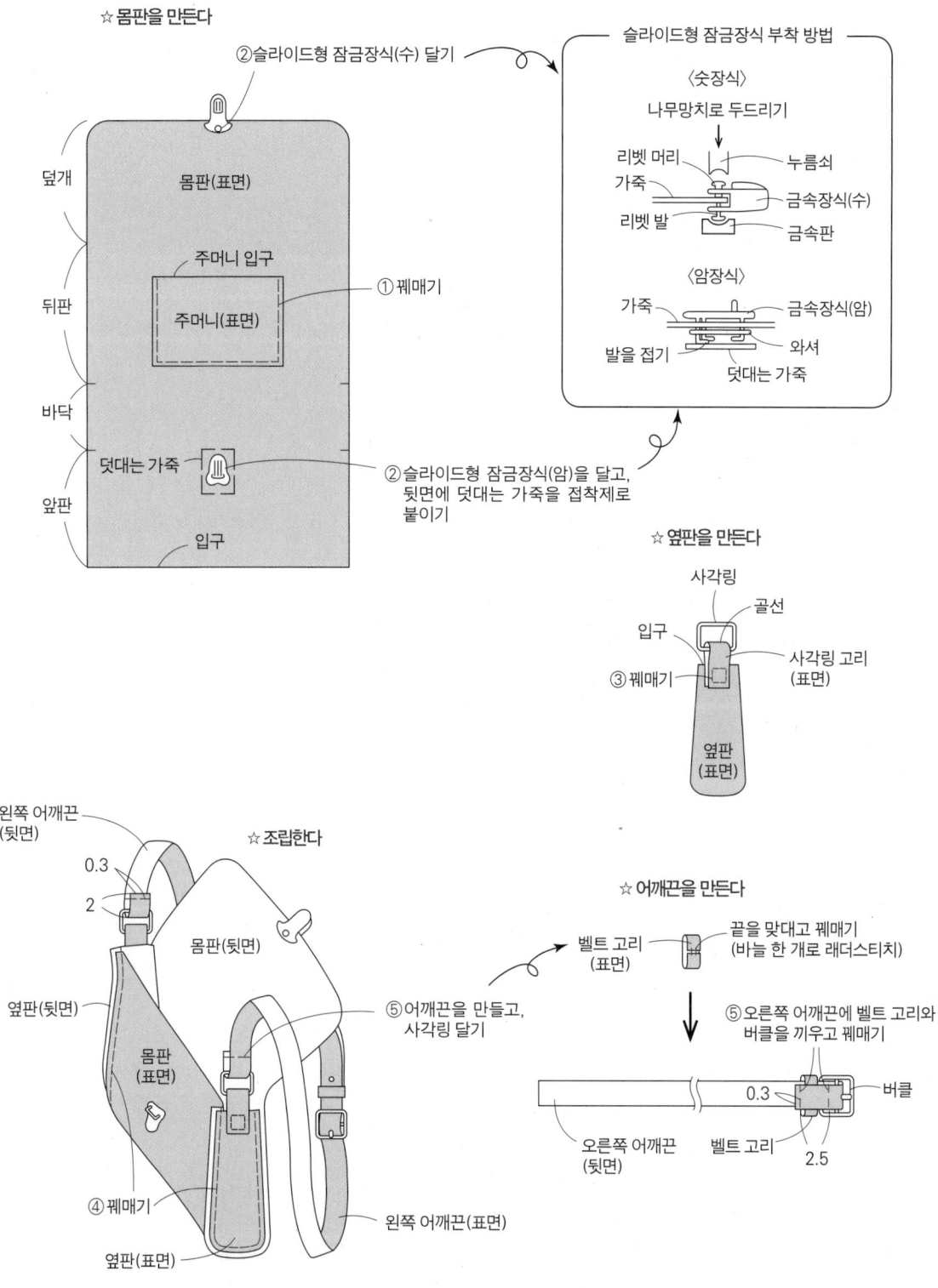

07 플랫 파우치 15쪽

바늘 한 개로 손바느질하면 지퍼 달기가 매우 쉽습니다.
바느질 구멍은 중심 표시를 기준으로 좌우대칭을 이루도록 뚫어주세요.

◉ **완성 크기:** 22cm×15cm
◉ **실물 크기 도안**→110쪽

◉ **재료**
소가죽-베이지색 에나멜(두께 1.2mm)
　23cm×35cm
지퍼(길이 20cm) 1개
O링(지름 7mm) 2개

◉ **만드는 법**
☆ **지퍼를 단다**
1. 지퍼 끝 처리를 하고①, 몸판 2장 각각의 입구에 러닝스티치로 꿰매 단다②.

☆ **조립하고 장식을 단다**
2. 몸판 2장을 안끼리 맞대어 러닝스티치로 꿰맨다③.
3. 지퍼 손잡이 장식을 만들어 달아준다④.

몸판(2장)

지퍼 손잡이 장식
(2장)

☆ 지퍼를 단다

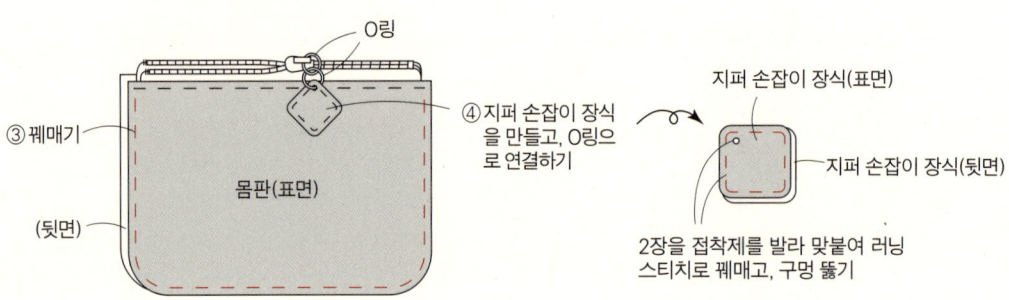

05 프레임 파우치 13쪽

금속 프레임을 끼우는 작업도 가죽 1장으로 만드는 작품이라면 조금은 덜 어려울 것입니다. 에나멜 가공 가죽은 접착제가 삐져나온 자국을 깨끗이 지울 수 있는 장점도 있습니다.

⊙ 완성 크기: 18.5cm×12cm×5cm
⊙ 실물 크기 도안→111쪽

⊙ 재료
양가죽-검은색 에나멜(두께 1mm)
  25cm×35cm
금속 프레임 16.5cm×5.4cm 1개
O링(지름 7mm) 2개
종이끈 적당량

⊙ 만드는 법
☆ 조립한다
1. 겉끼리 맞대어 양옆을 새들스티치로 꿰매고①, 바닥 모서리를 새들스티치로 꿰맨다②. 겉으로 뒤집는다.

☆ 금속 프레임을 끼우고, 태슬을 단다.
2. 종이끈을 잘라 나누어 준비해놓는다. 금속 프레임 홈에 접착제를 바르고 입구 부분을 끼운 뒤, 종이끈을 넣는다③.
3. 태슬을 만들어 달아준다④.

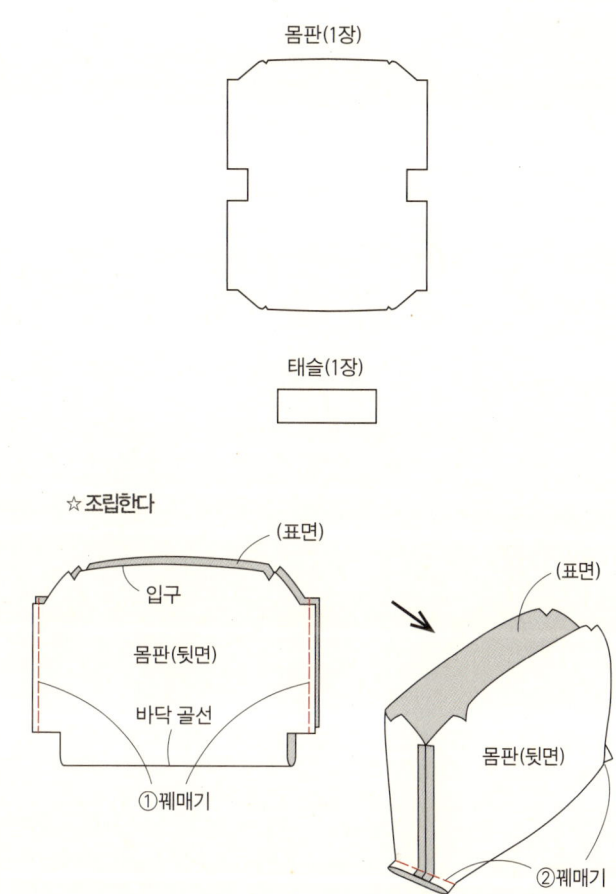

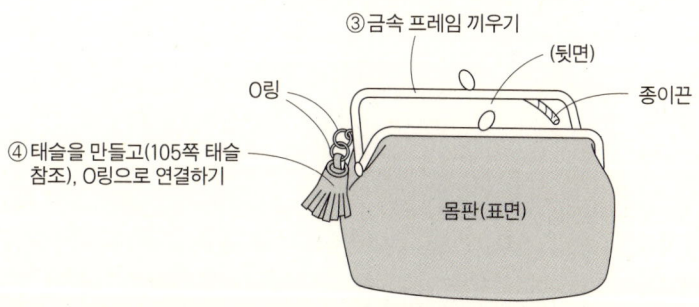

06 캐러멜 파우치 14쪽

옆선은 안 봉제를 하기 때문에 얇고 부드러운 가죽이 적합합니다.
지퍼 꼬리와 지퍼 손잡이 장식을 달아주는 것이 편리하게 사용할 수 있는 포인트.

⊙ **실물 크기 도안→112쪽**

⊙ **완성 크기**: 14cm×8cm×8cm

⊙ **재료**
양가죽-은박(두께 0.8mm) 23cm×33cm
지퍼(길이 20cm) 1개

⊙ **만드는 법**

☆ **지퍼를 달고, 조립한다**
1. 입구 부분에 지퍼를 새들스티치로 꿰매 단다①.
2. 지퍼 꼬리를 안끼리 맞대어 반으로 접은 다음 가장자리에 접착제를 발라 맞붙인 뒤, 지퍼 양쪽 끝에 접착제로 붙인다②.
3. 겉끼리 맞닿게 놓고 접은 뒤, 양옆을 새들스티치로 꿰맨다③. 겉으로 뒤집는다.

☆ **장식을 단다**
4. 지퍼 손잡이 장식을 달아준다④, ⑤.

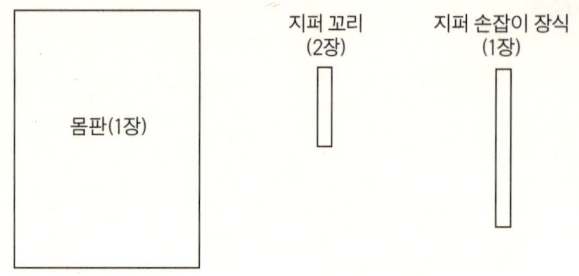

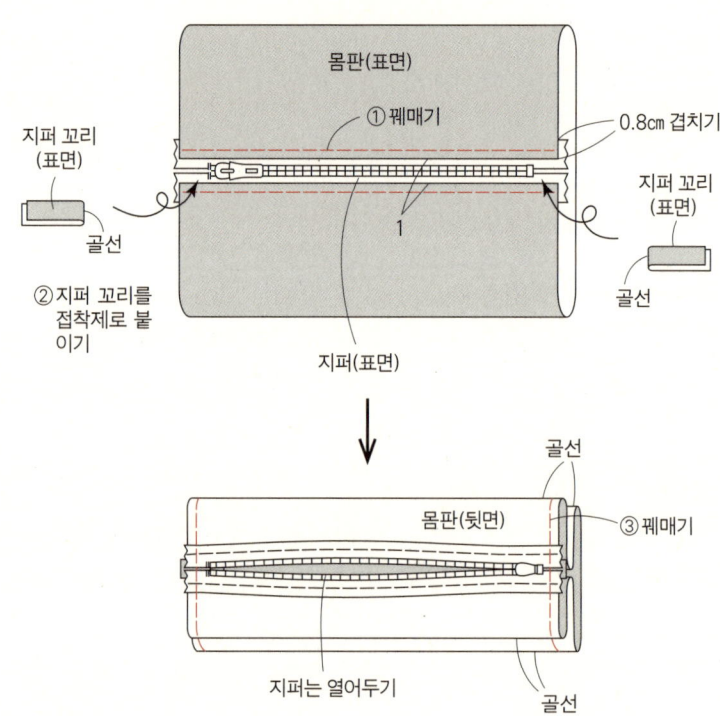

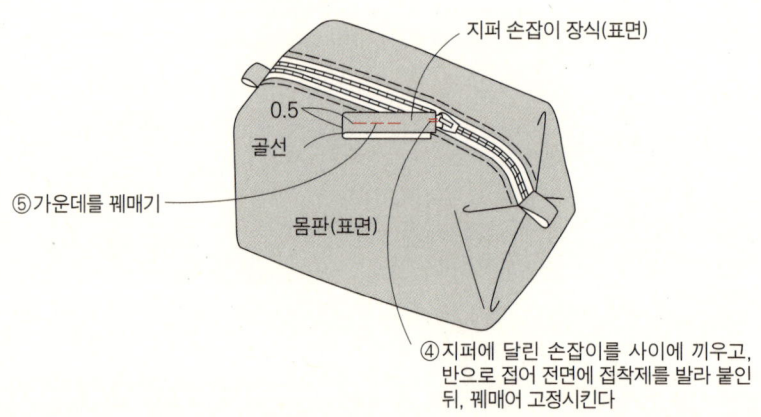

08 사다리꼴 파우치 15쪽

사용하기 편한 크기의 옆면이 T자형인 파우치입니다.
가죽이 몸판과 바닥을 하나로 이어서 재단할 수 있는 크기일 때는
바닥 시접 부분을 생략하고 그대로 끝부분을 맞대어 만들도록 하세요.

◉ 실물 크기 도안→110쪽

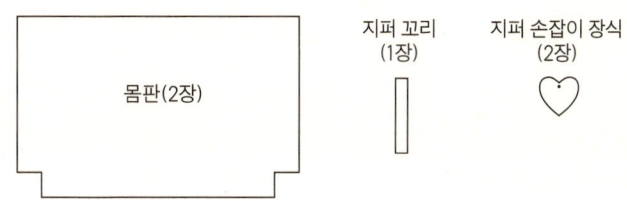

◉ 완성 크기: 21.5cm(입구)/18cm×12cm×4cm

◉ 재료
돼지가죽-빨간색(두께 1.1mm) 28cm×30cm
지퍼(길이 20cm) 1개
체인(폭 3mm) 10cm
O링(지름 7mm) 2개

◉ 만드는 법

☆ 지퍼를 단다
1. 지퍼 끝 처리를 하고①, 몸판 2장 각각의 입구에 새들스티치로 꿰매 단다②.

☆ 조립한다
2. 몸판 2장을 겉끼리 맞대어 양옆과 바닥을 새들스티치로 꿰매고③, 바닥 모서리를 새들스티치로 꿰맨다④. 겉으로 뒤집는다.

☆ 지퍼 꼬리와 장식을 단다
3. 지퍼 꼬리를 안끼리 맞대고 반으로 접어서 가장자리를 접착제로 맞붙인 뒤, ②의 바늘땀과 이어지도록 꿰매 단다⑤.
4. 지퍼 손잡이 장식을 만들어 달아준다⑥.

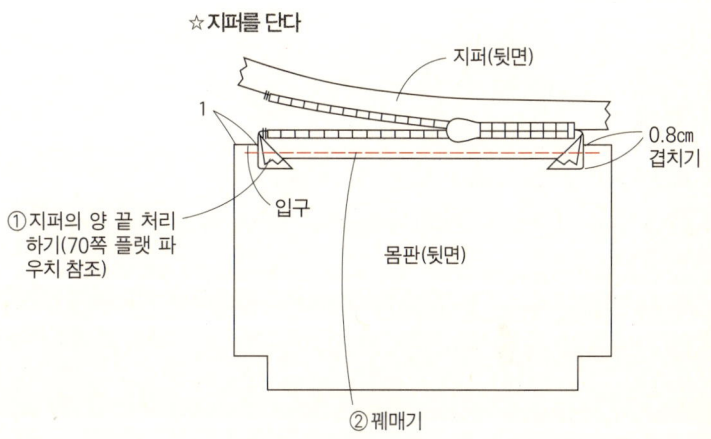

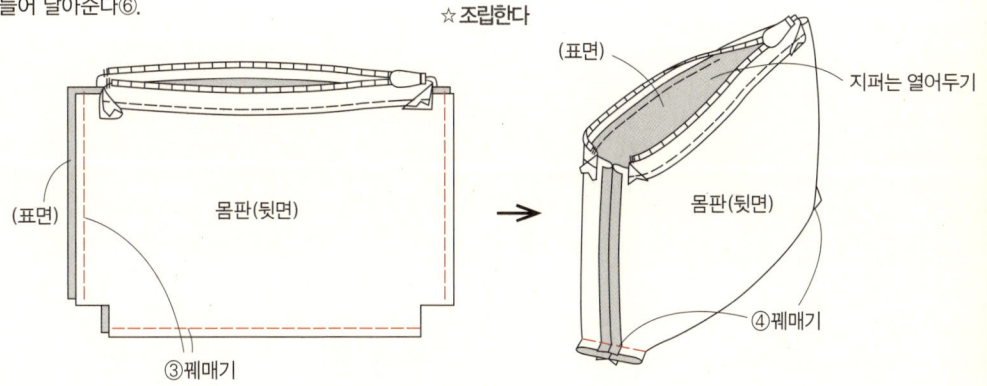

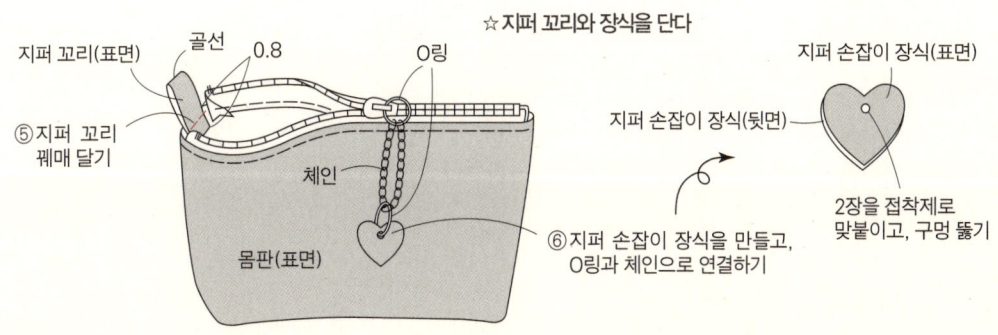

04 덮개 플랫 파우치 12쪽

직사각형의 가죽을 접어 양옆을 꿰매기만 하면 되는 심플한 파우치입니다. 잠금쇠는 트위스트형을 부착했는데, 이 부분은 취향에 따라 바꿔보세요.

◉ 실물 크기 도안→113쪽

◉ 완성 크기: 21.5cm×13cm

◉ 재료
소가죽-흰색 크랙 가공(두께 1.1mm) 23cm×40cm
트위스트형 잠금장식(부속 나사) 30mm×20mm 1쌍

◉ 만드는 법

☆ 트위스트형 잠금장식을 단다
1. 몸판의 안단 부분을 접어서 전면에 접착제를 발라 붙인다①.
2. 몸판의 덮개 부분과 앞판 부분에 트위스트형 잠금장식을 단다②. 숫장식 뒤에 가로 3cm×세로 2cm 크기의 덧대는 가죽을 접착제로 붙인다.

☆ 조립한다
3. 바닥 쪽에서 접어 양옆을 접착제를 발라 맞붙이고, 덮개 부분까지 이어서 러닝스티치로 꿰맨다③.

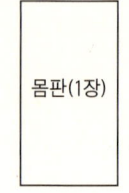

몸판(1장)

☆ 조립한다

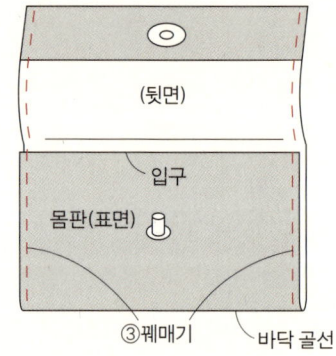

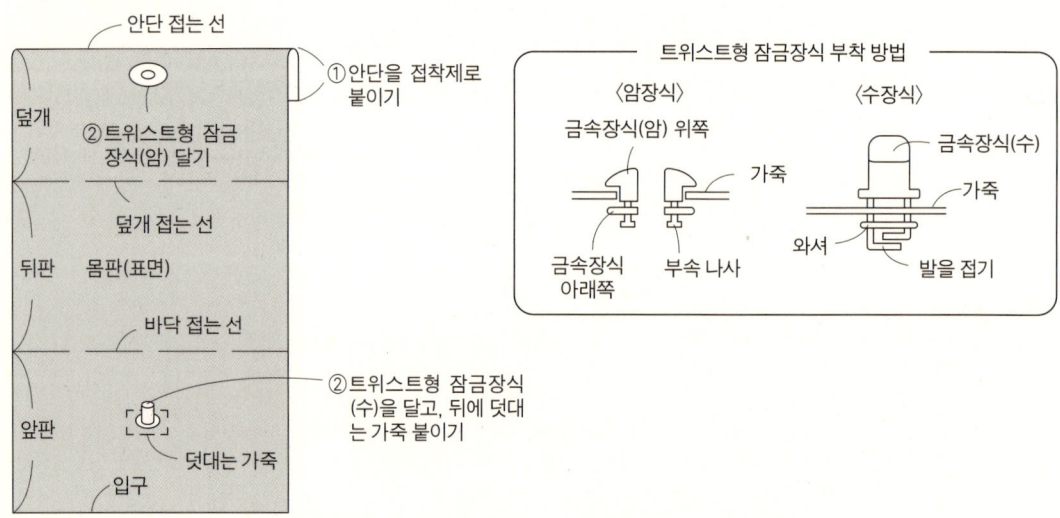

14. 동전지갑A(말굽 모양) 20쪽

덮개 뒷면에 동전을 덜어내 원하는 동전을 찾을 수 있는 말굽 모양 동전지갑입니다. 옆면·바닥을 입체적으로 꿰매서 연결하기 때문에 부드러운 가죽이 다루기 편합니다.

◉ 완성 크기: 8cm×6.5cm×1.5cm

◉ 재료

말가죽-진갈색(두께 1.2mm) 18cm×18cm
스프링스냅(지름 9mm) 1쌍

◉ 만드는 법

☆ 스프링스냅을 단다
1. 덮개 안감과 앞판에 스프링스냅을 단다①.

☆ 조립한다
2. 앞판과 옆면·바닥을 안끼리 맞대어 새들스티치로 꿰맨다②.
3. 겉가죽의 덮개 부분과 덮개 안감, 겉가죽의 뒤판 부분과 옆면·바닥을 안끼리 맞대어 접착제로 붙인 뒤, 테두리를 전체적으로 한 바퀴 돌아가며 새들스티치로 꿰맨다③.

◉ 실물 크기 도안→120쪽

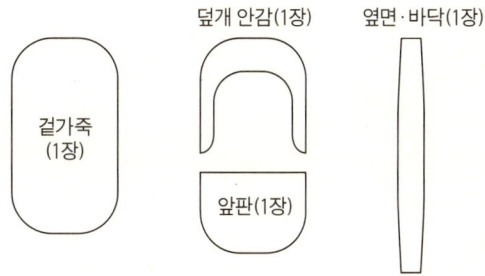

☆ 스프링스냅을 단다

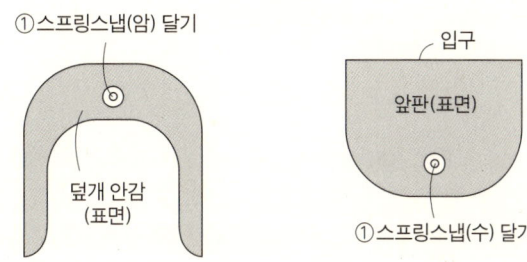

☆ 조립한다

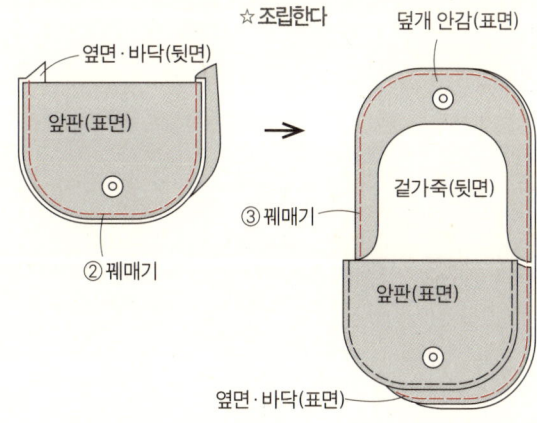

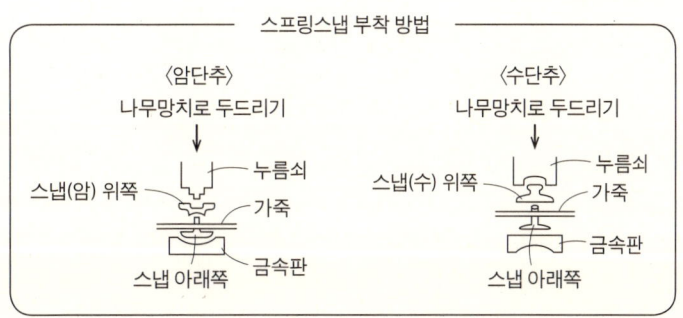

15 동전지갑B(상자형) 20쪽

스냅 잠금장식이 달린 기본적인 상자형 동전지갑입니다.
옆면·바닥이 잘 접히도록 얇고 부드러운 가죽으로 만들었습니다.

⊙ 실물 크기 도안→114쪽

⊙ 완성 크기: 8cm×7cm

⊙ 재료
돼지가죽-카멜색(두께 1mm) 13cm×21cm
스프링스냅(지름 9mm) 1쌍

⊙ 만드는 법

☆ 스프링스냅을 단다
1. 덮개 안감과 옆면·바닥에 스프링스냅을 달고①, 덮개 안감을 전면에 접착제를 발라 붙인다②.

☆ 조립한다
2. 겉가죽의 바닥 부분과 옆면·바닥의 긴 가로변을 안끼리 맞대어 접착제로 붙이고, 세 변을 새들스티치로 꿰맨다③.
3. 옆면·바닥의 짧은 세로변과 가죽의 덮개 부분을 안끼리 접착제로 맞붙이고, 2의 바늘땀과 이어지도록 새들스티치로 꿰맨다④.

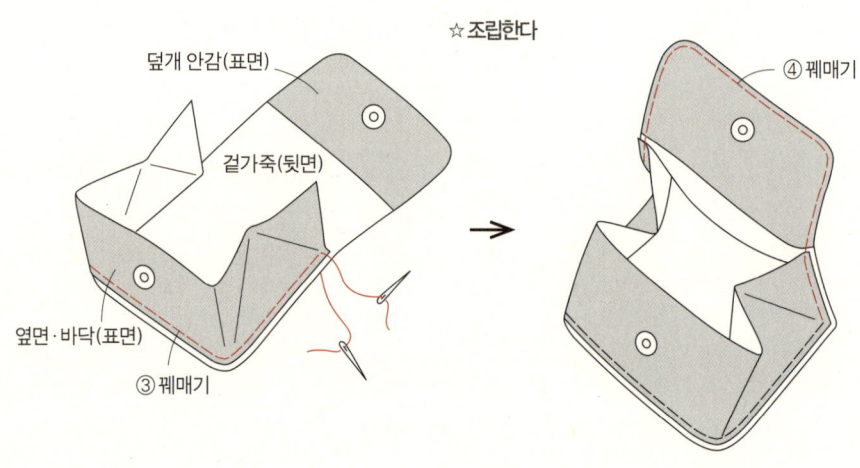

10 교통카드 케이스 17쪽

둥글게 뚫린 창구멍으로 무엇이 보일지는 안에 넣는 카드에 따라 달라집니다.
가방 손잡이에 걸 수 있도록 탈부착 가능한 스트랩을 달아주세요.

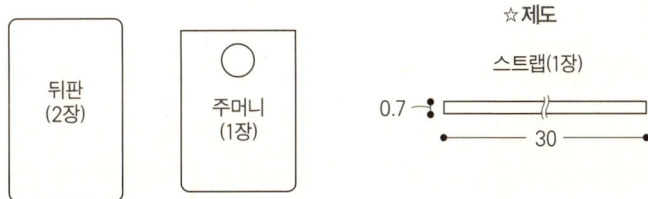

⊙ 완성 크기: 7cm×11cm

⊙ 재료
〈왼쪽〉소가죽-검은색 엠보싱(두께 1.1mm)
　　10cm×35cm
〈오른쪽〉소가죽-은색 엠보싱(두께 1.2mm)
　　10cm×35cm
〈공통 재료〉
양면 아일렛(안지름 4mm, #200) 각각 1쌍
양면 리벳(지름 5mm) 각각 2쌍
O링(지름 15mm) 각각 1개, (지름 7mm) 각각 2개
회전식 고리(길이 20mm) 각각 1개

⊙ 만드는 법

☆ 주머니를 만든다
1. 주머니의 창구멍을 도려낸다①.

☆ 조립한다
2. 뒤판 2장을 안끼리 맞대어 접착제로 붙인다②.
3. 주머니를 뒤판 위에 겹쳐놓고 세 변의 가장자리를 접착제로 붙이고, 테두리를 한 바퀴 돌아가며 새들스티치로 꿰맨다③.
4. 아일렛을 단다④.

☆ 스트랩을 만든다
5. 스트랩을 만들어 달아준다⑤.

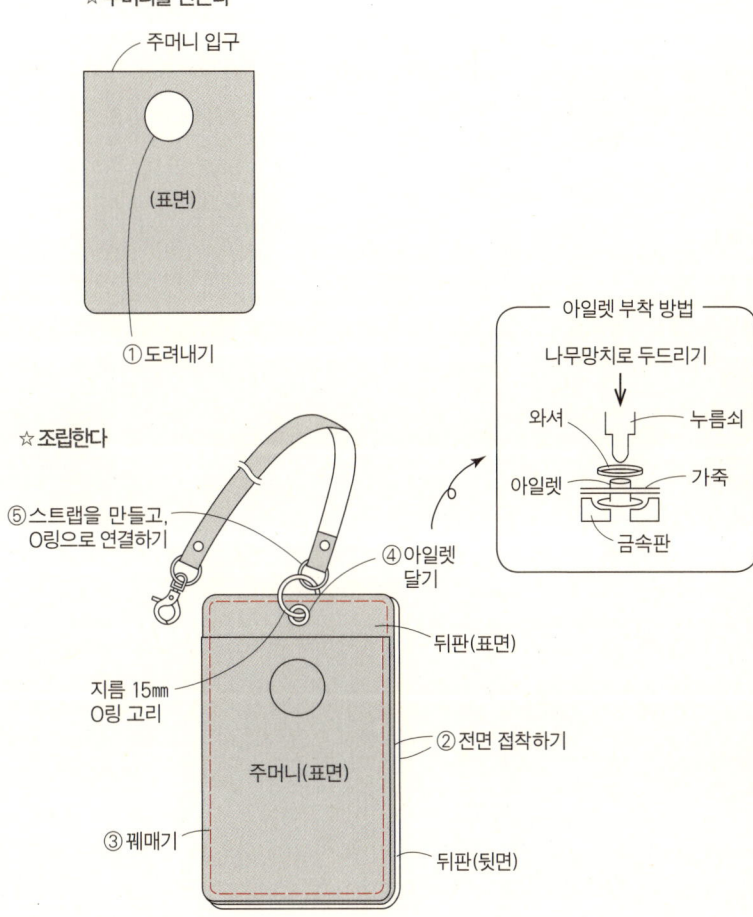

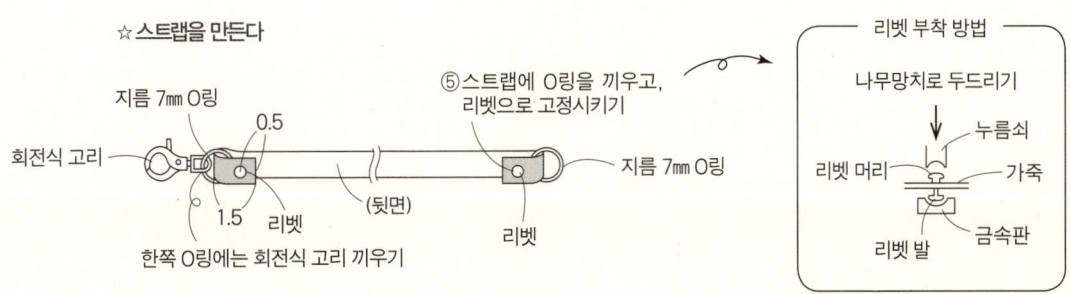

11 주머니(대) 18쪽

◉ 완성 크기: 23cm×31cm

◉ 재료
산양가죽-아이보리색(두께 1.2mm)
　55cm×33cm
가죽끈(폭 5mm×75cm) 2줄

가죽으로 만드는 주머니는 다양한 방법으로 끈을 끼울 수 있습니다.
큰 주머니는 신발주머니 크기입니다.
부드럽고 얇은 가죽으로 만들어보세요.

◉ 실물 크기 도안→115쪽

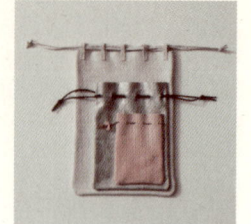

12 주머니(중) 18쪽

◉ 완성 크기: 17cm×23cm

◉ 재료
양가죽-은박(두께 0.8mm) 37cm×25cm
양면 아일렛(안지름 5mm, #300) 12쌍
가죽끈(폭 3mm×65cm) 2줄

13 주머니(소) 18쪽

◉ 완성 크기: 11cm×15cm

◉ 재료
돼지가죽-베이지색(두께 1.1mm)
　27cm×17cm
가죽끈(지름 1.8mm×40cm) 1줄

◉ 만드는 법
1. 〈대〉는 몸판에 끈 끼울 고리를 달고, 〈중〉과 〈소〉는 구멍을 뚫고, 〈중〉에는 아일렛도 부착한다①. 같은 방법으로 2장 만든다.
2. 1을 겉끼리 맞대어 새들스티치로 꿰맨다②.
3. 겉으로 뒤집고, 〈대〉와 〈중〉은 양쪽에서 끈을 끼운 다음 끝부분을 묶는다. 〈소〉는 몸판에 끼운 끈에 끈 고정용 가죽 단추를 끼우고 끝부분을 묶는다③.

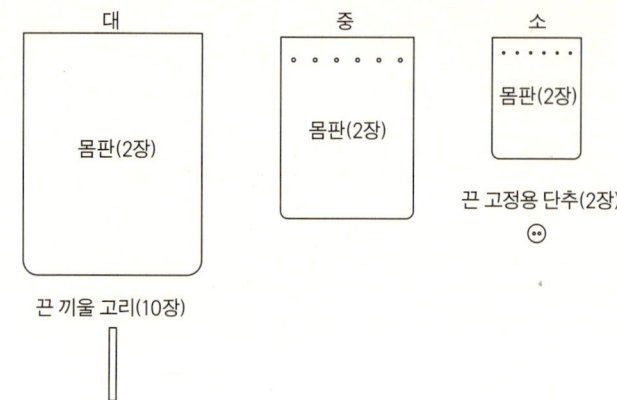

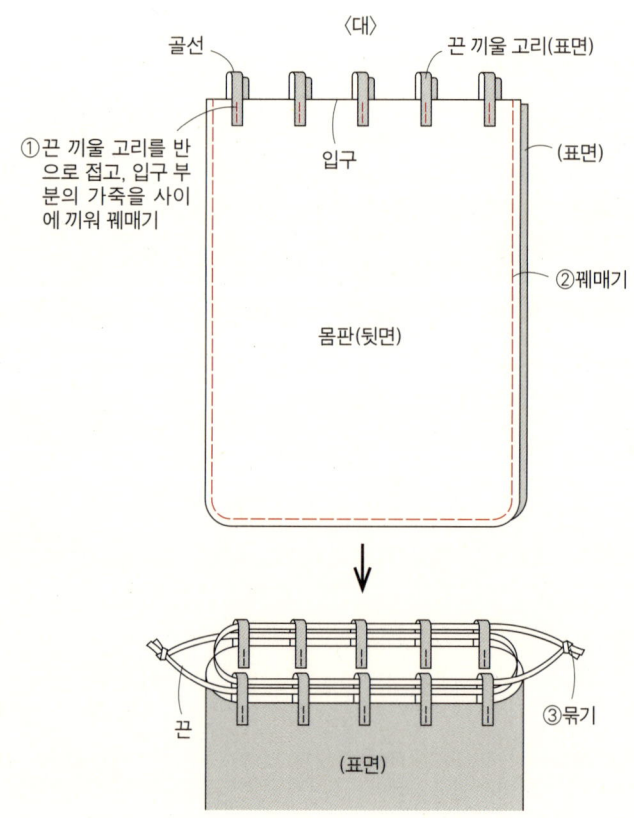

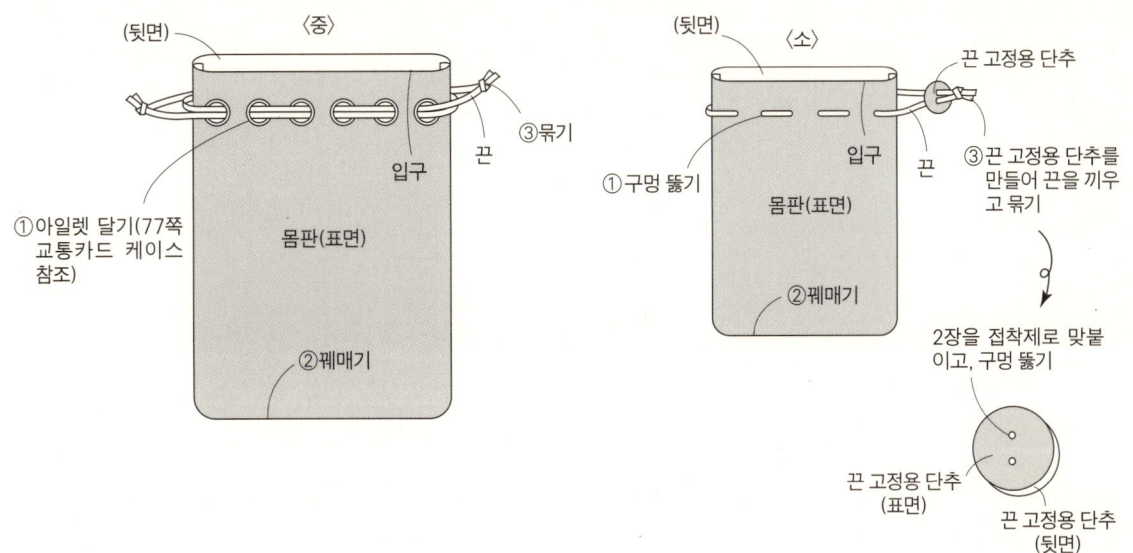

17 티슈 케이스 22쪽

● 완성 크기: 9cm×12cm

● 재료
〈왼쪽〉소가죽–검은색 엠보싱(두께 0.8mm)
　　　20cm×13cm
〈오른쪽〉양가죽–은박(두께 0.8mm)
　　　20cm×13cm

● 만드는 법
1. 입구 부분을 접어서 접착제로 붙이고 ①, 러닝스티치로 꿰맨다②.
2. 겉끼리 맞대어 양 끝을 안으로 접어 넣고, 위쪽과 아래쪽을 새들스티치로 꿰맨다③.
3. 시접 모서리를 잘라내고, 겉으로 뒤집어 모서리의 각을 살려서 모양을 잡는다.

되도록 얇고 부드러운 가죽으로 만드는 것이 좋습니다.
입구 부분에 절단면을 그대로 두면 티슈가 걸리므로 한 번 접어서 바느질했습니다.

● 실물 크기 도안→117쪽

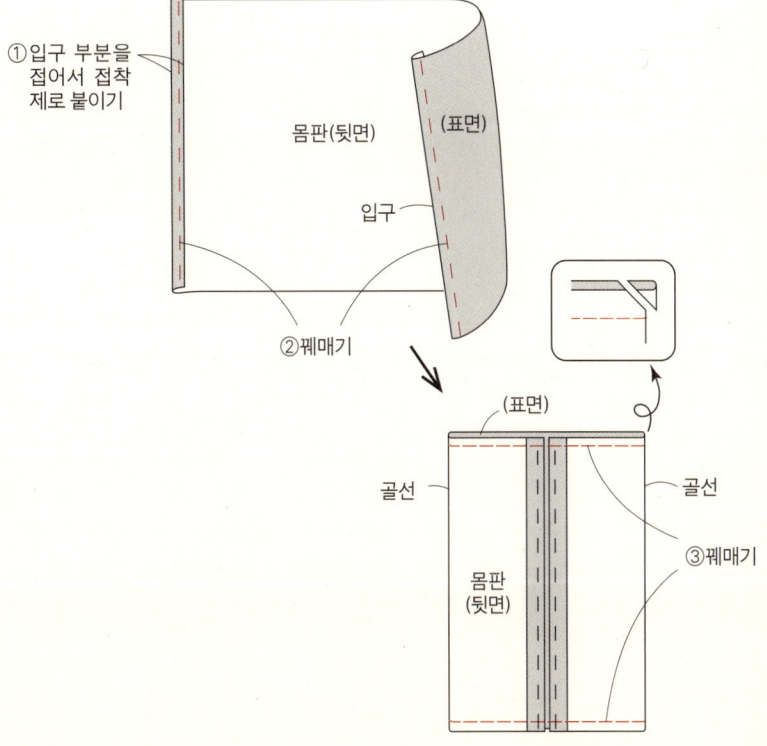

19 열쇠지갑 24쪽

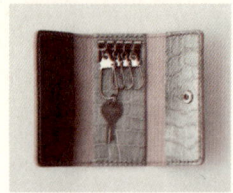

금속장식을 부착한 다음 테두리를 한 바퀴 돌아가며 꿰매기만 하면 되기 때문에 보기보다 만들기 쉽습니다. 양옆은 전면 접착을 하지 말고 주머니로 사용하면 편리합니다. 탄력 있는 단단한 가죽으로 만들어보세요.

⊙ **완성 크기**: 5cm×10cm
⊙ **실물 크기 도안→112쪽**

⊙ **재료**
소가죽-은색 엠보싱(두께 1.2mm) 28cm×11cm
4구 키홀더 금속장식(부속 리벳)
  33mm×19mm 1개
스프링스냅(지름 9mm) 1쌍

⊙ **만드는 법**
☆ **가운데 가죽을 만든다**
1. 가운데 가죽에 키홀더 금속장식을 부착한다①.

☆ **스프링스냅을 부착한다**
2. 겉가죽과 오른쪽 옆면 가죽에 스프링스냅을 부착한다②.

☆ **조립한다**
3. 겉가죽 뒷면에 가운데 가죽과 옆면 가죽을 겹쳐놓고 테두리에 접착제를 발라 맞붙이고, 둘레를 한 바퀴 돌아가며 새들스티치로 꿰맨다③.

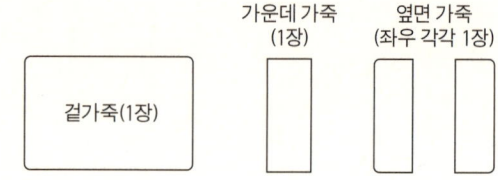

☆ **가운데 가죽을 만든다**

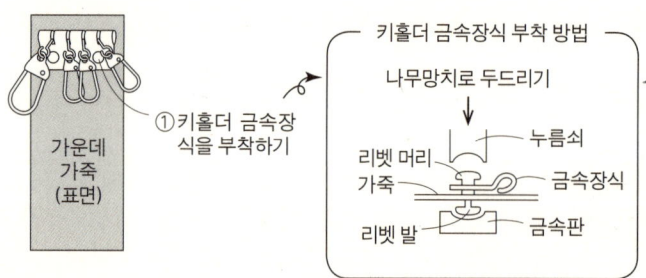

☆ **스프링스냅을 단다**

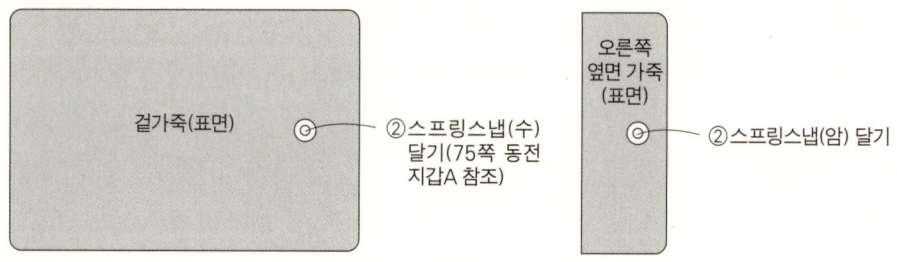

☆ **조립한다**

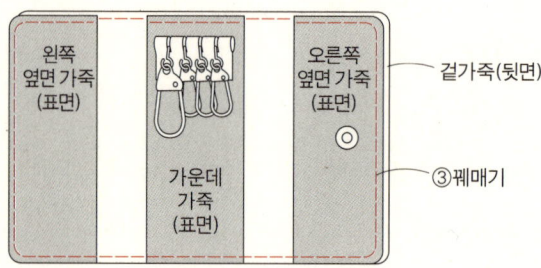

20 키 커버 25쪽

바느질할 부분이 적기 때문에 연습 작품으로 제격입니다.
열쇠 번호를 가릴 수 있어 보안적인 면에서도 좋은 아이템입니다.
크기나 구멍의 위치는 열쇠에 맞춰 조절하세요.

◉ 실물 크기 도안→124쪽

◉ 완성 크기: 3.3cm×2.7cm

◉ 재료
각종 가죽(두께 1.2mm) 4cm×6cm
가죽끈(작품은 커버와 같은 가죽)
  폭 2mm×20cm

◉ 만드는 법
1. 안끼리 맞대어 반으로 접고 양옆을 접착제로 맞붙인 뒤, 새들스티치로 꿰맨다 ①.
2. 구멍을 뚫는다 ②.
3. 열쇠에 씌우고, 끈을 끼운 뒤 묶어 매듭짓는다 ③.

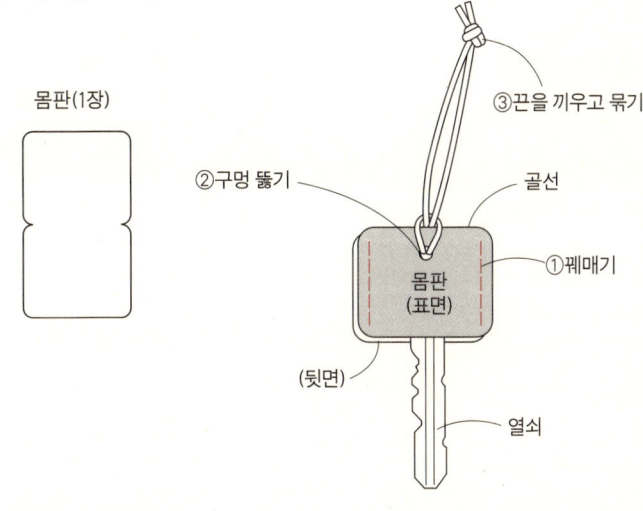

21 키홀더A 25쪽

◉ 재료
말가죽-진갈색(두께 1.2mm) 2.3cm×14cm
키홀더용 금속장식 26.5mm×43mm 1개

22 키홀더B 25쪽

◉ 재료
낙타가죽-흰색(두께 1.5mm) 2.3cm×14cm
키홀더용 금속장식 26.5mm×43mm 1개

◉ 만드는 법
1. A는 새들스티치로, B는 러닝스티치로 스트랩의 양옆을 꿰맨다 ①.
2. 안끼리 맞대어 반으로 접고, 7~8mm 폭으로 접착제를 발라 맞붙여 구멍을 뚫는다 ②.
3. 키홀더 금속장식에 끼워 나사로 고정시킨다 ③.

직사각형으로 자른 가죽의 양옆을 꿰매고, 반으로 접어서 금속장식을 나사로 고정하기만 하면 됩니다. 바느질을 하지 않고도 만들 수 있지만, 꿰매면 늘어나는 것을 방지하는 효과도 있습니다.

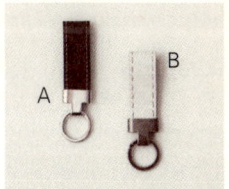

◉ 완성 크기: 2.3cm×10cm(금속장식 포함)
◉ 실물 크기 도안→124쪽

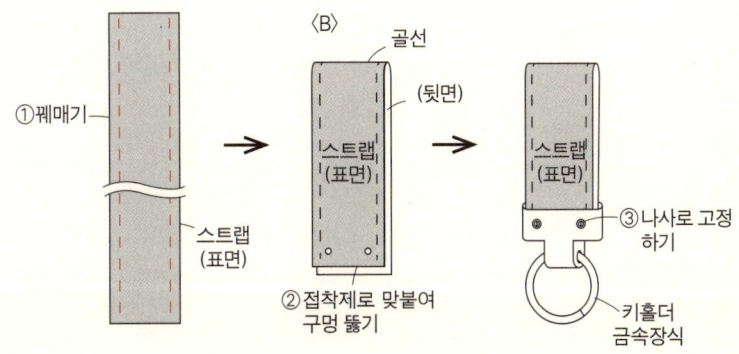

16 지갑 21쪽

지퍼가 달린 동전 수납 칸에 지폐 수납 칸 2개, 카드 수납 칸 2개로 구성된 실용적이면서도 세련된 장지갑입니다.

◉ 실물 크기 도안→116쪽

◉ 완성 크기: 18.5cm×9cm

◉ 재료
소가죽—은박(두께 1.2mm) 20cm×54cm
지퍼(길이 15cm) 1개
체인(폭 3mm) 10cm
O링(지름 7mm) 1개

◉ 만드는 법

☆ **지퍼 달린 주머니를 만든다**
1. 지퍼 달린 주머니의 지퍼 구멍을 도려내고①, 뒷면에 지퍼를 접착제로 붙인 다음 테두리를 새들스티치로 꿰맨다②.
2. 1의 앞부분에 카드 주머니를 겹쳐놓고, 바닥과 칸막이를 새들스티치로 꿰맨다③.
3. 2를 안끼리 맞대어 반으로 접고 테두리를 접착제로 맞붙인다④.

☆ **조립한다**
4. 겉가죽 뒷면에 3을 겹쳐놓고, 테두리를 접착제로 맞붙인다⑤.
5. 4에 지폐 주머니를 겹쳐놓고 테두리를 접착제로 맞붙이고, 둘레를 한 바퀴 돌아가며 새들스티치로 꿰맨다⑥.

☆ **장식을 단다**
6. 지퍼 손잡이 장식을 만들어 달아준다⑦.

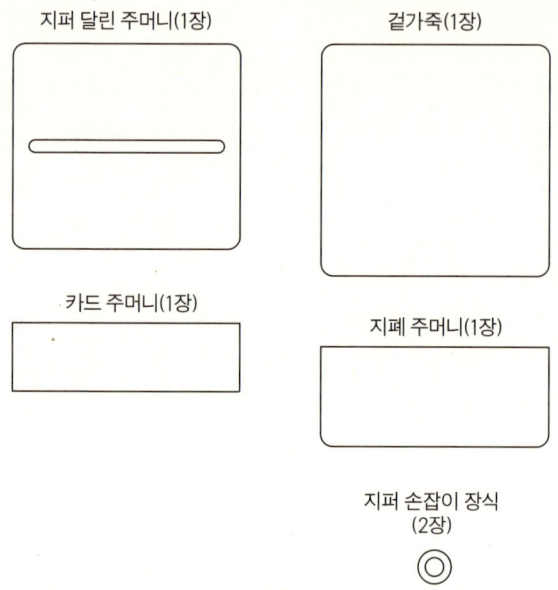

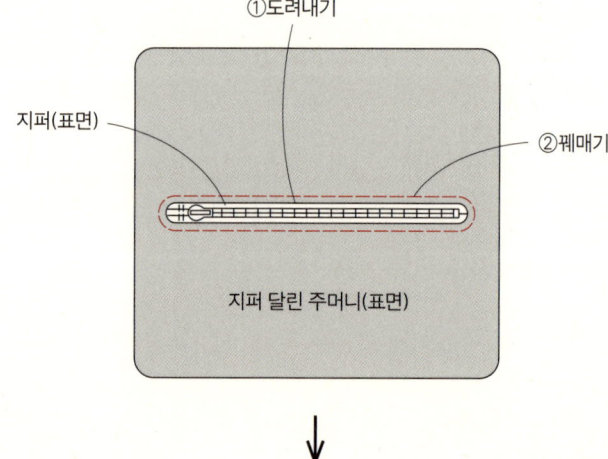

☆ 지퍼 달린 주머니를 만든다

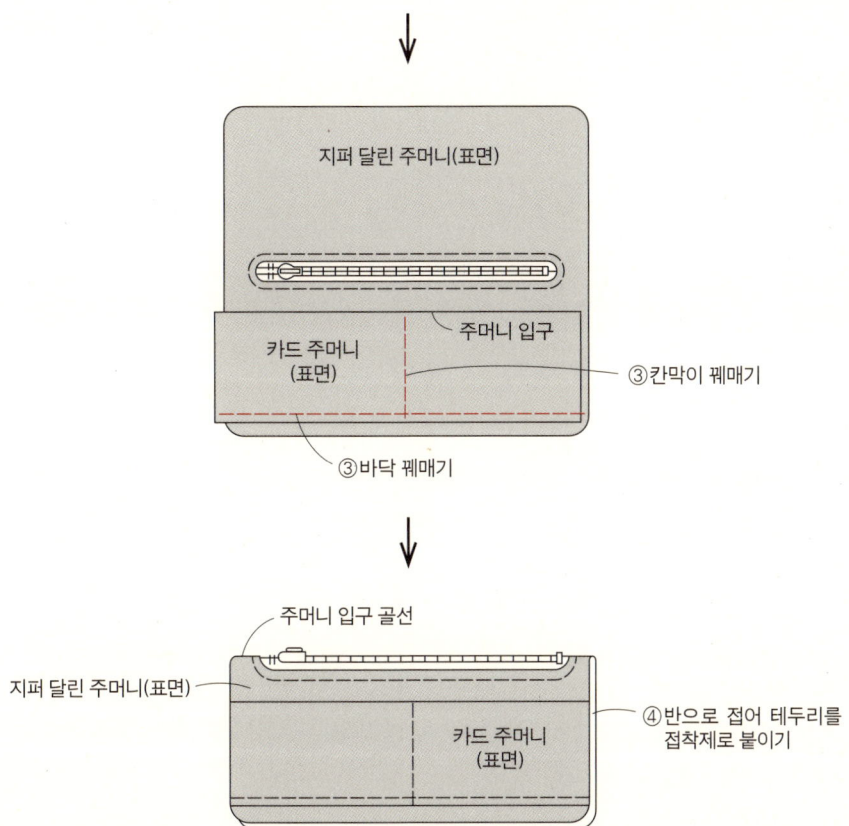

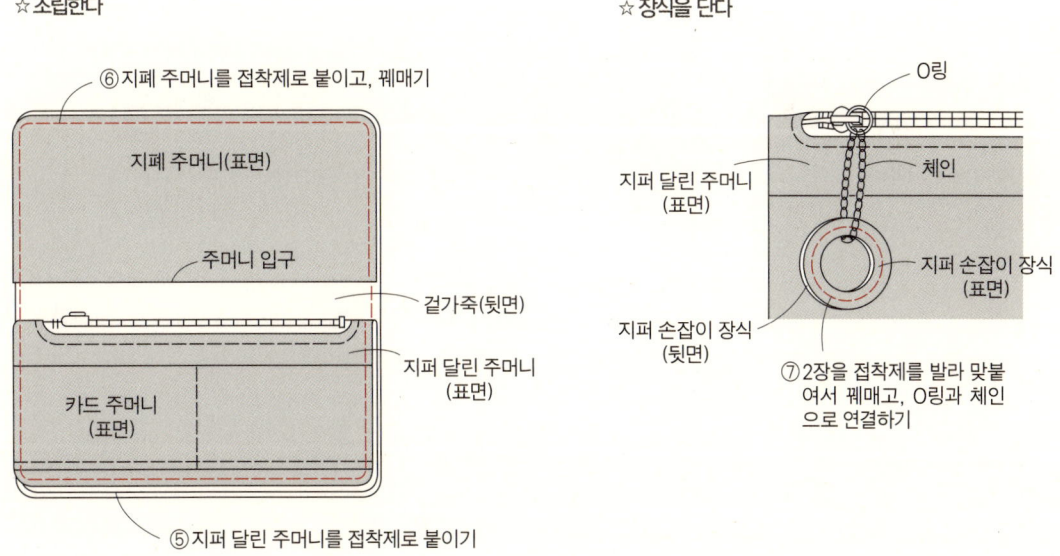

28 펜 케이스C(지퍼) 28쪽

79쪽의 티슈 케이스를 좁고 길게 만들어 지퍼를 달아주면 펜 7~8자루가 들어가는 펜 케이스가 됩니다. 펜 케이스A, B를 만드는 방법은 91쪽을 참조하세요.

◉ 실물 크기 도안→125쪽

◉ 완성 크기: 20.5cm×7cm

◉ 재료
양가죽-검은색 에나멜(두께 1mm) 26cm×15cm
지퍼(길이 20cm) 1개
O링(지름 7mm) 2개

◉ 만드는 법

☆ **지퍼를 단다**
1. 입구 부분에 지퍼를 접착제로 붙이고, 러닝스티치로 꿰맨다①.

☆ **조립한다**
2. 겉끼리 맞대어 양 끝을 안으로 접어 넣고, 양옆을 새들스티치로 꿰맨다②.
3. 시접 모서리를 잘라내고(79쪽의 티슈 케이스 참조), 겉으로 뒤집어 모서리의 각을 잡은 뒤, 지퍼 손잡이 장식을 만들어 달아준다③.

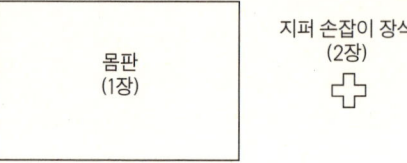

☆ 지퍼를 단다

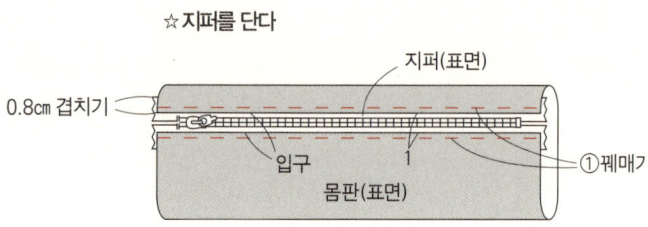

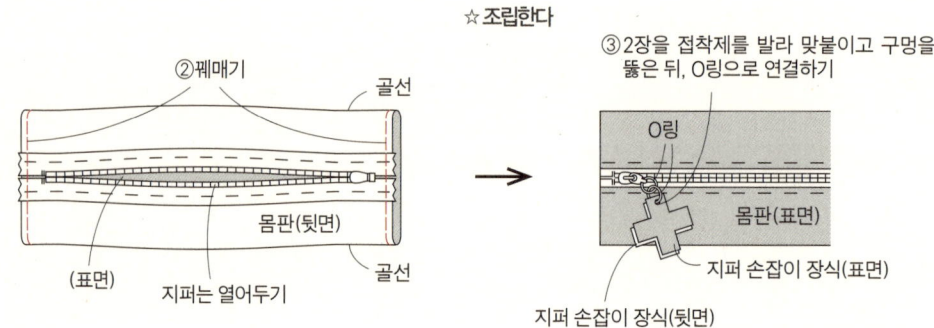

53 바늘꽂이 44쪽

⊙ 재료
돼지가죽-베이지색(두께 1mm) 18cm×9cm
천-아이보리색 인도실크 7cm×7cm
양모 5g

⊙ 만드는 법

☆ 앞판을 만든다
1. 앞판의 가운데 부분을 도려낸다①.
2. 도려낸 부분 뒷면에 천을 접착제로 붙이고, 테두리를 러닝스티치로 꿰맨다②.

☆ 조립한다
3. 앞판과 뒤판을 안끼리 맞대어 테두리에 접착제를 발라 붙이고, 세 변을 러닝스티치로 꿰맨다. 나머지 한 변을 일단 떼어내 양모를 채워 넣고, 러닝스티치로 꿰매 봉합한다③.

86쪽의 거울과 같은 형지를 사용합니다. 이 작품은 바늘 한 개로 러닝스티치해 바늘땀이 돋보이게 합니다. 바늘에 녹이 슬지 않도록 천은 명주 100%, 속은 모 100%를 사용.

⊙ 완성 크기: 8cm×8cm
⊙ 실물 크기 도안→118쪽

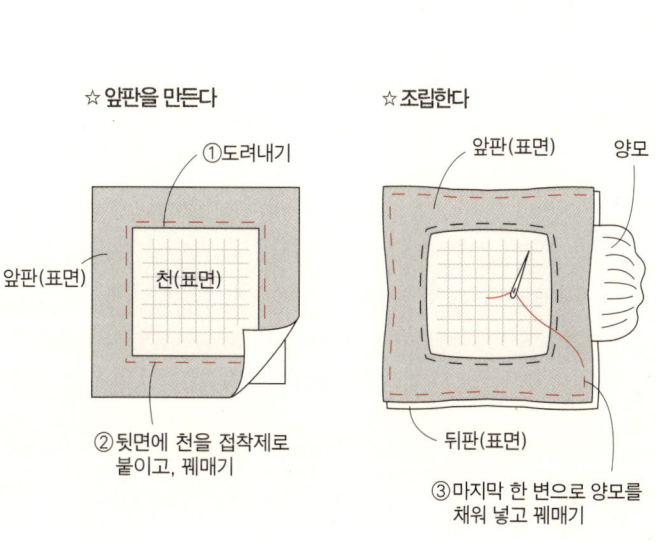

18 거울 & 케이스 23쪽

네모난 거울의 테두리를 에나멜 가공 가죽으로 장식한 멋진 거울. 거울 케이스도 같이 만들면 그대로 가방 속 주연이 된답니다.

⊙ 실물 크기 도안→118쪽

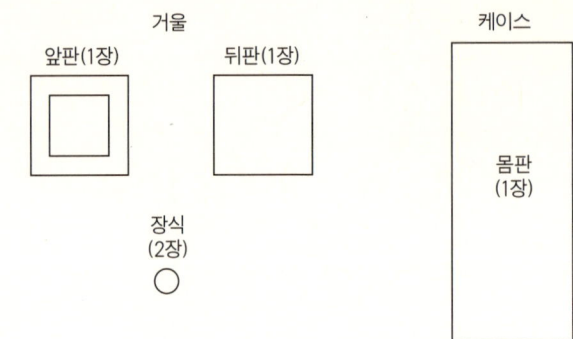

⊙ **완성 크기:** 케이스—10cm×8.5cm
　　　　　　거울—8cm×8cm

⊙ **재료**
양가죽—검은색 에나멜(두께 1mm)
　20cm×25cm
판거울 7cm×7cm 1장
체인(폭 3mm) 3cm
O링(지름 7mm) 2개
자석스냅(지름 12mm) 1쌍

⊙ **만드는 법**

☆ **거울을 만든다**
1. 앞판의 가운데 부분을 도려내고①, 테두리에 새들스티치를 한다②.
2. 1과 뒤판을 안끼리 맞대어 거울을 끼우고, 테두리를 접착제를 발라 맞붙인 뒤, 새들스티치로 꿰맨다③.
3. 모서리에 구멍을 뚫고④, 장식을 만들어 달아준다⑤.

☆ **케이스를 만든다**
4. 몸판의 앞부분과 안단 부분에 자석스냅을 부착하고, 암단추 뒤에 지름 2cm의 덧대는 가죽을 접착제로 붙인다⑥.
5. 바닥 쪽에서 접어 올려 양옆을 접착제를 발라 맞붙이고, 안단 부분을 전면에 접착제를 발라 붙인다⑦.
6. 양옆을 새들스티치로 꿰맨다⑧.

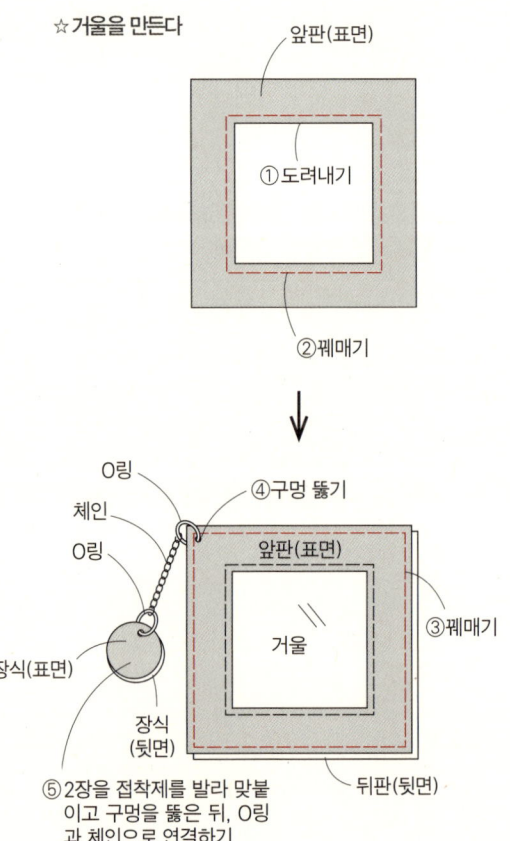

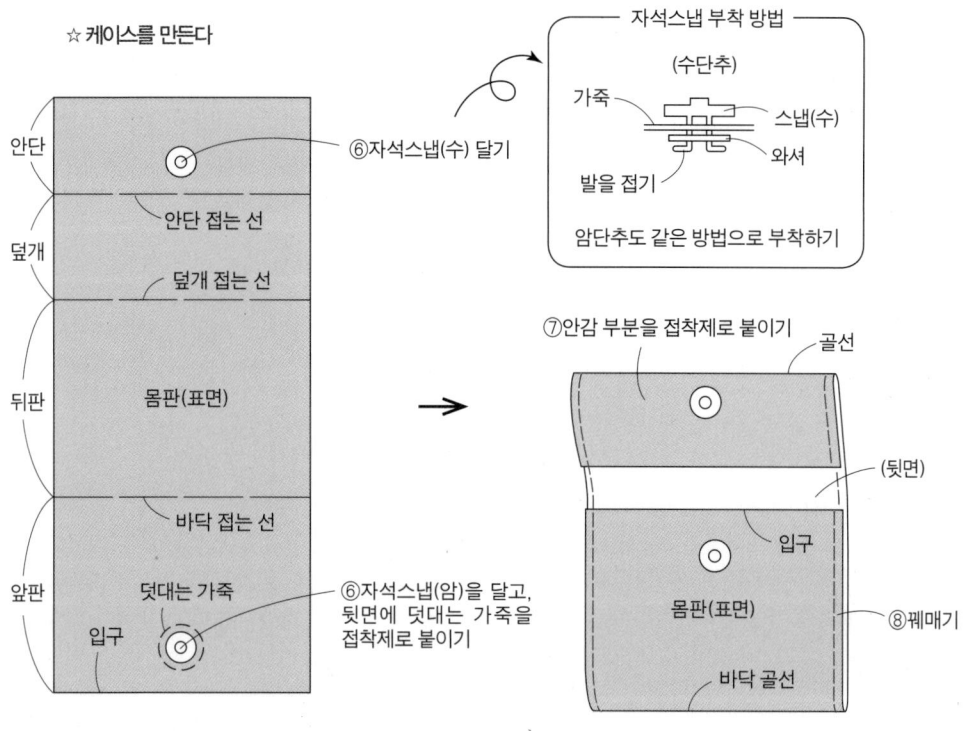

23 북 커버A 26쪽

◉ 재료
말가죽-진갈색(두께 1.2mm) 35cm×17cm
스웨이드끈 폭 4mm×22cm

◉ 만드는 법
1. 안단 부분을 접어 넣고, 위쪽과 아래쪽을 접착제로 붙인다①.
2. 끈 끝부분에 장식을 달고②, 나머지 한쪽 끝을 몸판 가운데에 접착제로 붙인다③.
3. 위쪽과 아래쪽을 각각 새들스티치로 꿰맨다④.

몸판과 안단을 이어서 재단해 접어 넣는 방법과 안단을 따로 재단해 맞붙이는 방법으로 각각 만들었습니다.
취향에 따라 러닝스티치를 해도 좋고, 새들스티치를 해도 좋습니다.
책갈피용 끈을 달아놓으면 편리합니다.

◉ 완성 크기(A·B 공통): 11.5cm×16cm
◉ 실물 크기 도안→119쪽

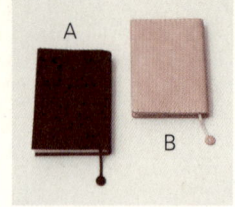

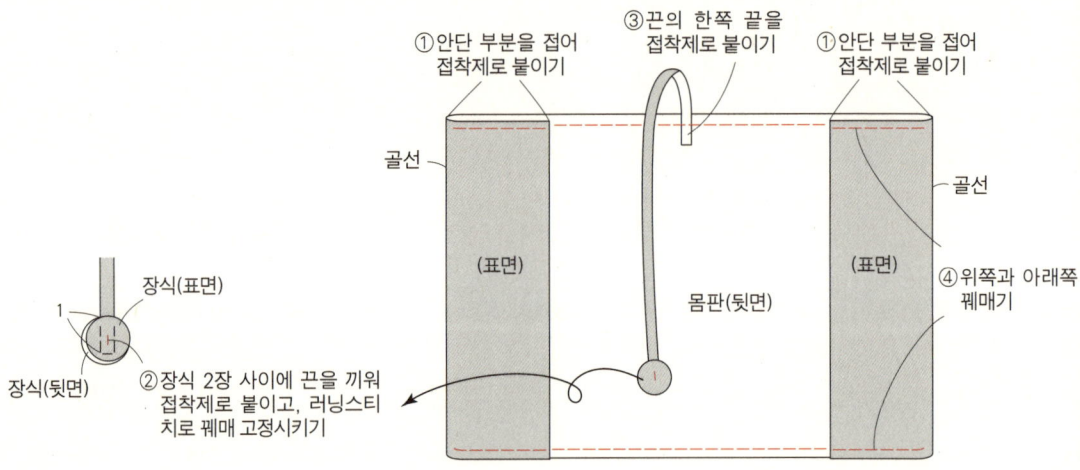

24 북 커버B 26쪽

◉ 재료
소가죽-베이지색 에나멜(두께 1.2mm)
 38cm×17cm
스웨이드끈 폭 4mm×22cm

◉ 만드는 법
1. 안단의 입구 부분을 제외하고 세 변을 접착제를 발라 붙인다①.
2. 끈 끝부분에 장식을 달고②, 나머지 한쪽 끝에 접착제를 발라 몸판 가운데에 붙인다③.
3. 테두리를 한 바퀴 돌아가며 러닝스티치로 꿰맨다④.

◉ 실물 크기 도안→119쪽

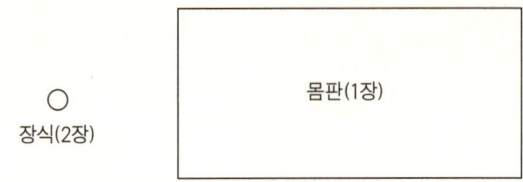

25 안경집 27쪽

두껍고 단단하면서도 울퉁불퉁한 구김 가공이 되어 있어 완충 효과가 있는 가죽으로 만들었습니다.
금속장식 뒷면은 그대로 노출되지 않도록 덧대는 가죽을 접착제로 붙여주면 열었을 때 깔끔해 보입니다.

◉ 완성 크기: 16cm×8cm×2.5cm
◉ 실물 크기 도안→117쪽

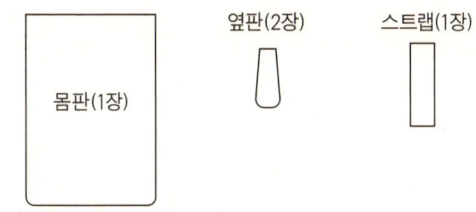

◉ 재료
소가죽-검은색 구김 가공(두께 1.8mm)
　17cm×27cm
돼지가죽-빨간색(두께 1.1mm) 4cm×11cm
자석스냅(지름 14mm) 1쌍

◉ 만드는 법
☆ 스트랩을 만든다
1. 스트랩에 자석스냅을 달고①, 안끼리 맞대어 반으로 접어서 접착제로 붙인다②.

☆ 조립한다
2. 1을 덮개 부분에 새들스티치로 꿰매 단다③.
3. 몸판 표면에 자석스냅을 달고④, 뒤에 지름 25mm 크기의 덧대는 가죽을 접착제로 붙인다⑤.
4. 몸판과 옆판을 안끼리 맞대어 새들스티치로 꿰맨다⑥.

☆ 스트랩을 만든다

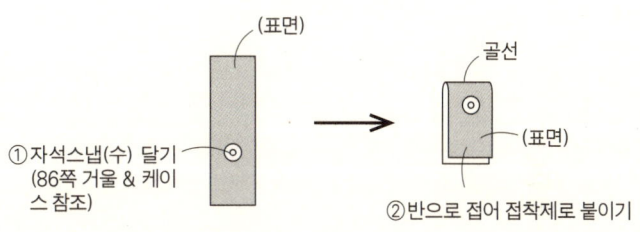

☆ 조립한다

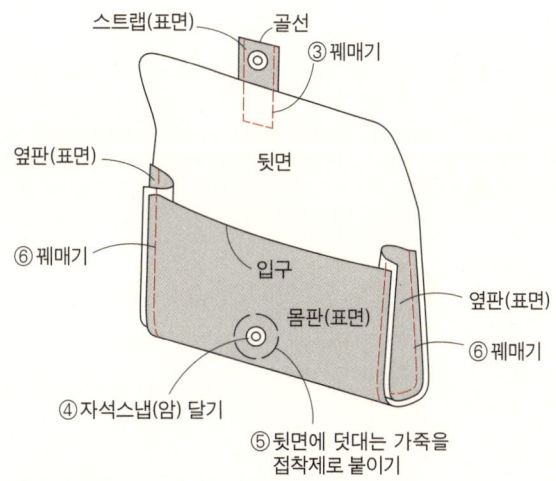

30 수첩 커버 30쪽

⦿ 완성 크기: 9cm×19.5cm×1cm

⦿ 재료
소가죽-초콜릿색(두께 1.5㎜) 10cm×48cm
스프링스냅(지름 13㎜) 1쌍

⦿ 만드는 법
1. 쇠망치로 두드려 접는 선 자국을 뚜렷하게 내준다①.
2. 스프링스냅을 단다②.
3. 벨트를 겹쳐놓고 양옆을 접착제로 붙이고, 새들스티치로 꿰맨다③.

단단한 가죽이 적합합니다. 접는 선 자국만 뚜렷하게 내주면 바느질할 부분은 조금밖에 없습니다.
크기를 달리하면 메모장이나 편지지용 커버로도 사용할 수 있습니다.

⦿ 실물 크기 도안→120쪽

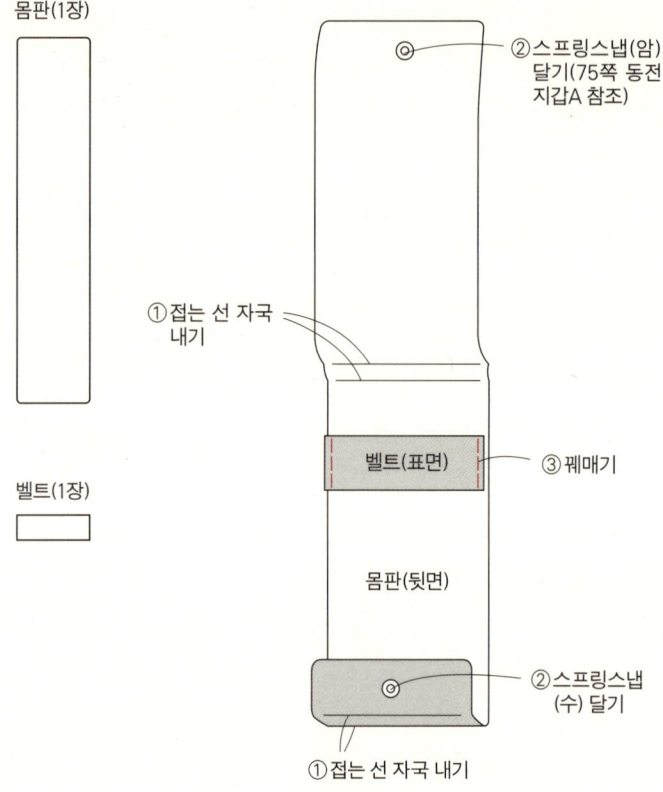

26 펜 케이스A(프레임) 28쪽

⊙ 완성 크기: 21cm×4.5cm

⊙ 재료
돼지가죽—빨간색(두께 1.1mm) 22cm×15cm
돼지가죽—베이지색(두께 1mm) 22cm×10cm
　(안 몸판용)
금속 프레임 21cm×4.4cm 1개
O링(지름 7mm) 1개
종이끈 적당량

⊙ 만드는 법
1. 겉 몸판 테두리에 5mm 정도의 폭으로 접착제를 바르고, 바닥에 접힌 자국을 내면서 안 몸판과 안끼리 맞대어 접착제로 붙인다①. 삐져나온 안 몸판은 잘라낸다②.
2. 종이끈을 잘라 나누어 준비해놓는다. 금속 프레임 홈에 접착제를 바르고 입구 부분을 끼운 뒤, 종이끈을 끼워 넣는다③.
3. 태슬을 만들어 달아준다④.

열고 닫는 방법이 다른 다양한 디자인의 펜 케이스입니다. A는 펜 2자루를 넣을 수 있습니다. 가죽이 얇아서 안감을 덧댔지만, 가죽이 두꺼우면 한 장으로만 만들어도 됩니다. B는 세로로 펜을 꽂아 넣는 형태로, 펜 3~4자루를 넣을 수 있습니다. 84쪽의 C는 펜 7~8자루용입니다.

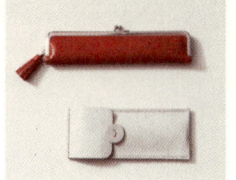

⊙ 실물 크기 도안→111쪽

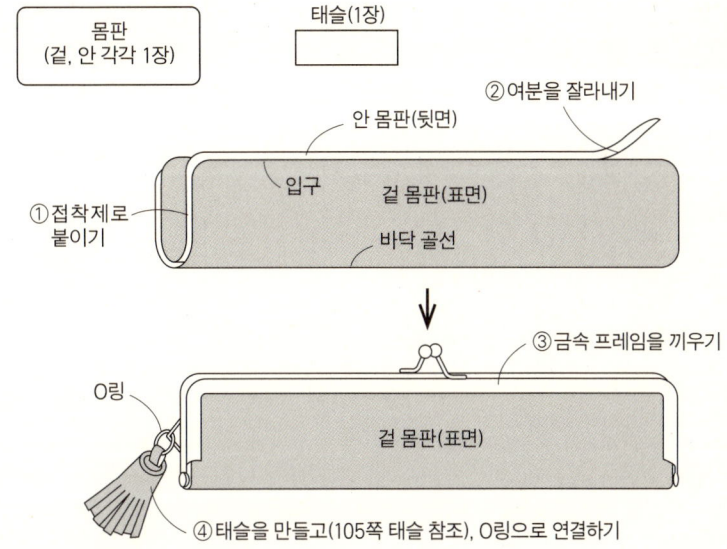

27 펜 케이스B(단추) 28쪽

⊙ 완성 크기: 7cm×18cm

⊙ 재료
낙타가죽—흰색(두께 1.5mm) 8cm×43cm

⊙ 만드는 법
☆ 조립한다
1. 몸판을 바닥 부분에서 접어 양옆을 접착제를 발라 맞붙이고, 새들스티치로 꿰맨다①.

☆ 덮개와 단추를 단다
2. 덮개를 겹쳐놓고 위쪽을 접착제로 붙인 뒤, 새들스티치로 꿰맨다②.
3. 단추를 만들고, 꿰매어 고정시킨다③.

⊙ 실물 크기 도안→113쪽

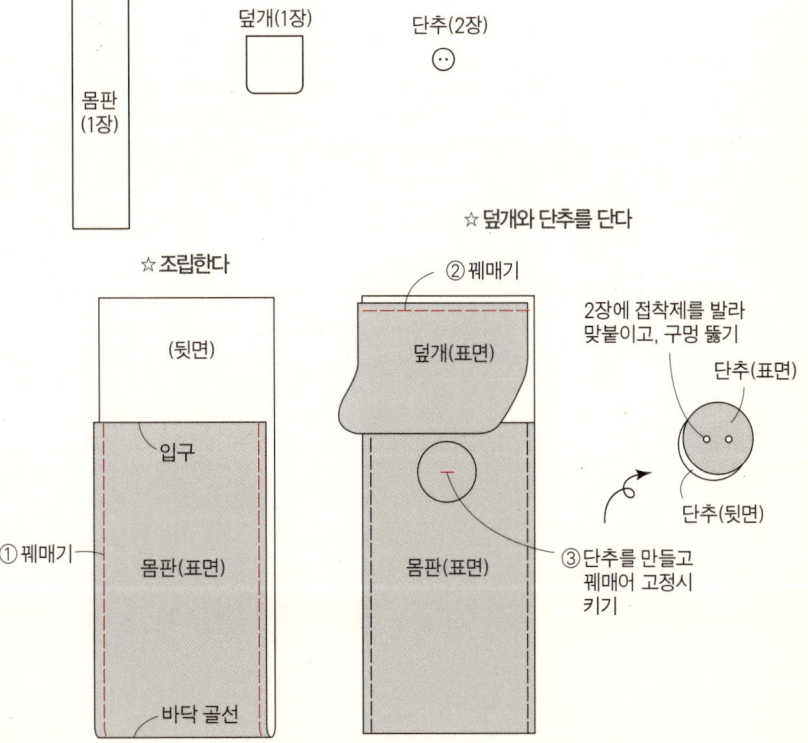

31 액자(대) 32쪽

◉ 완성 크기: 14.5cm×19cm

◉ 재료
소가죽─베이지색(두께 2.7mm) 40cm×20cm

32 액자(소) 32쪽

◉ 완성 크기: 14.5cm×14.5cm

◉ 재료
소가죽─빨간색(두께 2.7mm) 38cm×15cm

◉ 만드는 법

☆ 겉 테두리를 만든다
1. 겉 테두리의 가운데 부분을 도려낸다 ①.
2. 1에 새들스티치로 바늘땀을 넣는다 ②.

☆ 벽걸이용 고리를 단다
3. 구멍을 뚫은 벽걸이용 고리를 뒤판에 새들스티치로 꿰맨다 ③.

☆ 조립한다
4. 3의 뒷면 세 변에 속 테두리a·b를 접착제로 붙이고 ④, 그 위에 2를 겹쳐서 접착제로 붙인다 ⑤.

두껍고 딱딱한 타닌 무두질 가죽을 사용한 3단 구조 액자.
바늘땀은 장식으로 넣고, 조립은 접착제를 발라 맞붙이기만 하면 됩니다.
정확하게 재단하는 것이 가장 중요합니다.

◉ 실물 크기 도안→121쪽

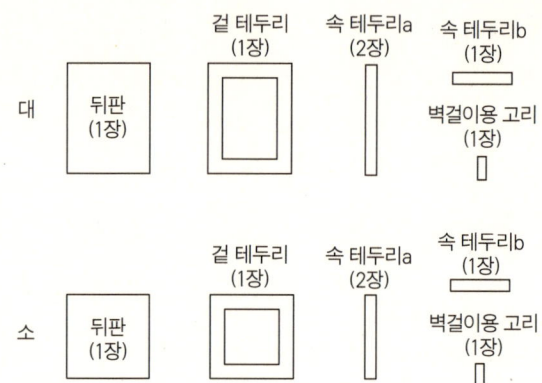

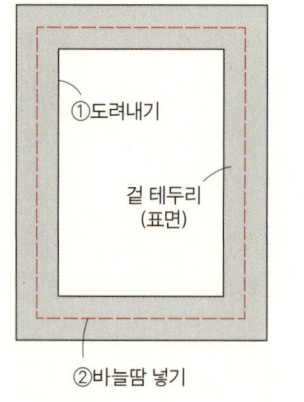

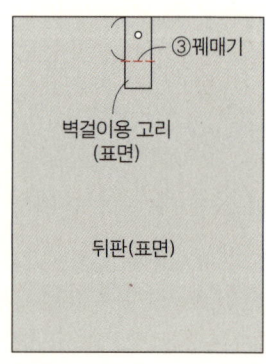

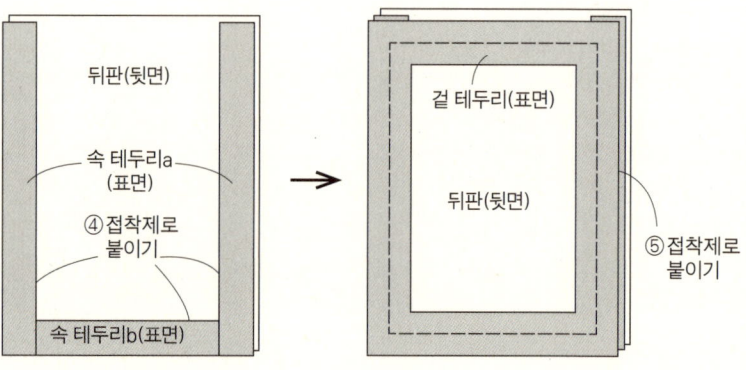

33 갑 티슈 커버 33쪽

가운데 부분을 도려내는 작업만 무사히 끝나면
그다음은 가죽에 접는 선 자국을 내고 네 모서리를 꿰매기만 하면 됩니다.
사용하고 있는 갑 티슈의 크기에 맞춰 조금씩 조정하세요.

⊙ 실물 크기 도안→124쪽

⊙ 완성 크기: 25cm×12.5cm×7cm

⊙ 재료
소가죽-초콜릿색(두께 1.5mm) 27cm×40cm

⊙ 만드는 법
1. 가운데 부분에 구멍을 뚫는다①.
2. 쇠망치로 두드려 접는 선 자국을 뚜렷하게 내준다②.
3. 네 모서리에 접착제를 발라 맞붙여 새들스티치로 꿰맨다③.

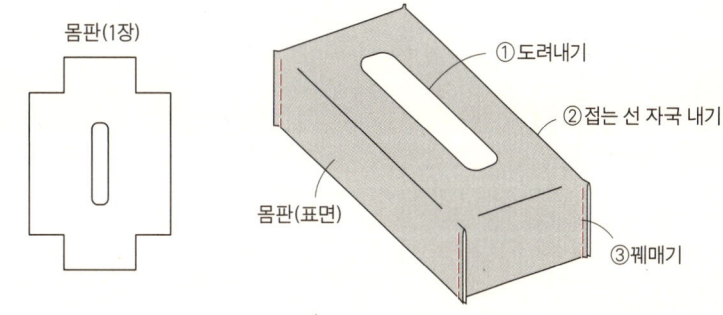

34 샌들 34쪽

실내 전용 샌들이므로 실외용으로는 적합하지 않습니다.
밑창 크기와 밴드 길이를 발에 맞춰 조절하세요.
작품은 240mm 사이즈로, 발볼이 좁고 발등이 낮은 발에 맞는 크기입니다.

⊙ 실물 크기 도안→122쪽

⊙ 완성 크기: 10cm×25.5cm

⊙ 재료
소가죽-베이지색(두께 2mm) 48cm×27cm
소가죽-은박(두께 1.2mm) 16cm×17cm

⊙ 만드는 법
1. 밑창 1장의 표면에 굽을 접착제로 붙인다①.
2. 다른 밑창 1장에 밴드의 양옆을 접착제로 붙이고, 새들스티치로 꿰맨다②.
3. 1의 밑창과 2의 밑창을 안끼리 맞대어 전면에 접착제를 발라 붙인다③.
4. 왼쪽도 같은 방법으로 만든다.

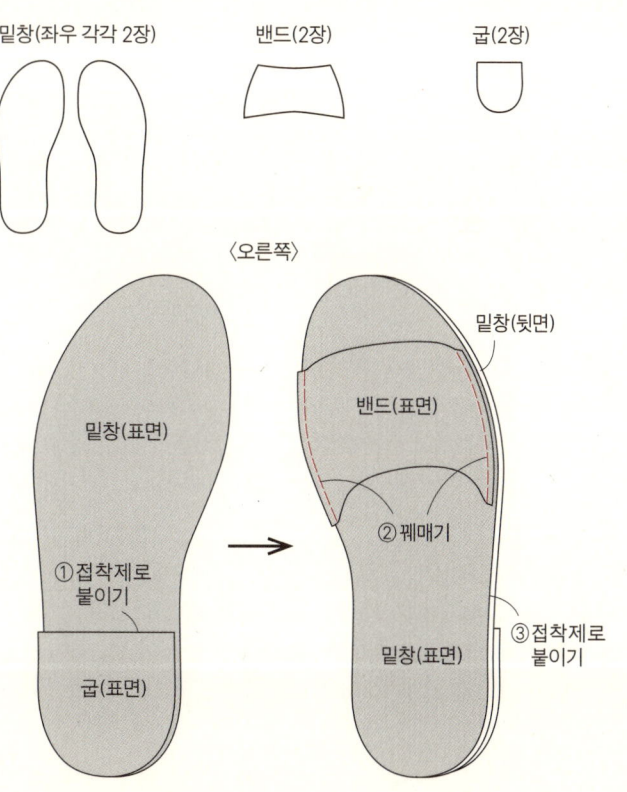

36 트레이(소) 36쪽

◉ 완성 크기: 8cm×10cm×3cm

◉ 재료
소가죽-적갈색 엠보싱(두께 1.2mm)
　21cm×23cm
소가죽-갈색 엠보싱(두께 1.2mm)
　3cm×10cm

37 트레이(대) 36쪽

◉ 완성 크기: 9cm×21cm×3cm

◉ 재료
소가죽-갈색 엠보싱(두께 1.2mm)
　22cm×34cm
소가죽-적갈색 엠보싱(두께 1.2mm)
　3cm×10cm

◉ 만드는 법

1. 손잡이 고리를 반으로 접어 접착제를 발라 맞붙이고①, 부착 위치에 접착제로 붙인 뒤, 새들스티치로 꿰맨다②.
2. 쇠망치로 두드려 접는 선 자국을 뚜렷하게 내고③, 옆면 부분을 안끼리 맞닿게 접고 접착제를 발라 붙인다④.
3. 옆면 부분과 맞닿는 두 변을 맞붙여 래더스티치로 꿰맨다⑤.

타닌 무두질한 단단한 가죽을 사용했습니다.
정확하게 접어서 조립하는 것이 완성도를 높이는 비법입니다.
네 모서리가 깔끔하게 마무리되도록 옆으로 실을 건네 바느질하는 래더스티치(56쪽)로 꿰매주세요.

◉ 실물 크기 도안→123쪽

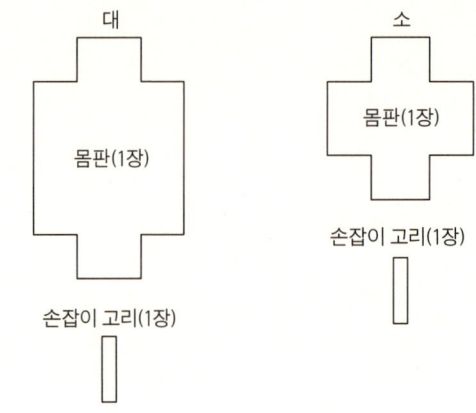

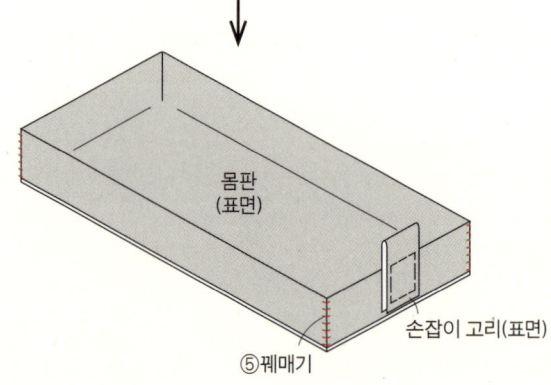

35 쿠션 커버 35쪽

사용한 가죽으로는 가로세로 40cm 두 면 분량이 되지 않아서, 두 가지 색상을 사용해 4장을 잇대는 디자인으로 2개를 만들었습니다. 바느질해서 겉으로 뒤집기 때문에 얇고 부드러운 가죽이 다루기 쉽습니다.

⊙ **완성 크기**: 40cm×40cm

⊙ **재료**(2개 분량)
a: 돼지가죽-베이지색(두께 1mm)
　85cm×43cm
b: 돼지가죽-카멜색(두께 1mm)
　85cm×43cm
지퍼(길이 30cm) 2개

⊙ **만드는 법**

☆ **앞판을 만든다**
1. 앞판의 a와 b를 겉끼리 맞대고, 새들스티치로 잇대어 꿰맨다①. 같은 방법으로 2세트를 만든다.
2. 1을 다시 한 번 잇대어 꿰맨다②.

☆ **지퍼를 단다**
3. 2와 뒤판에 각각 지퍼를 단다③.

☆ **조립한다**
4. 겉끼리 맞대어 테두리를 새들스티치로 꿰맨다④. 시접의 모서리를 잘라내고 (79쪽 티슈 케이스 참조), 겉으로 뒤집는다.
5. 뒤판을 b색으로 댄 것을 같은 방법으로 한 개 더 만든다.

☆ 제도

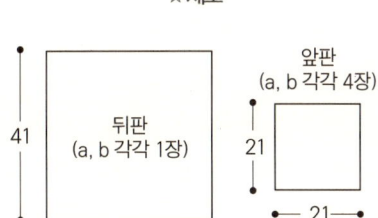

☆ 앞판을 만든다

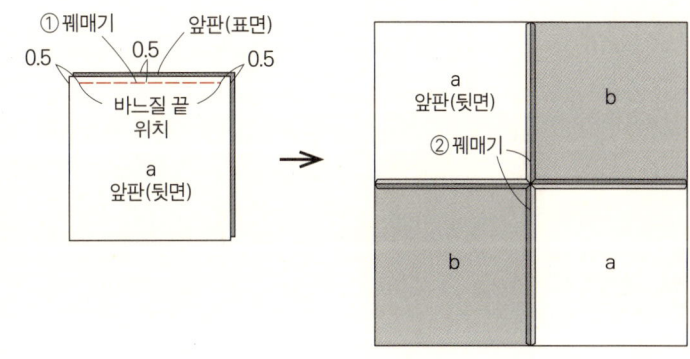

☆ 지퍼를 단다

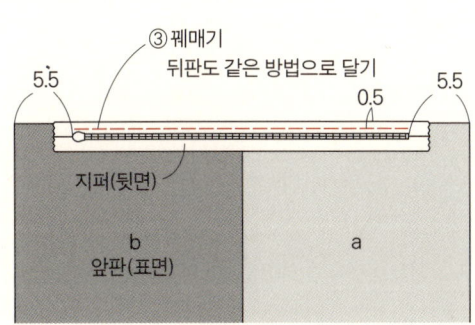

☆ 조립한다

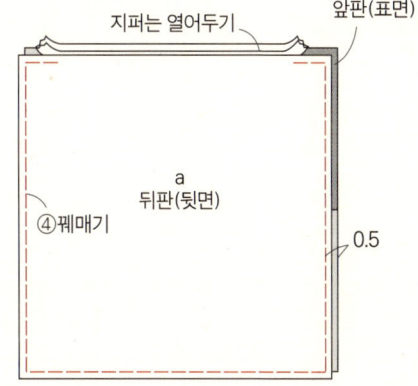

38 목걸이A 38쪽

가죽 목걸이는 가벼운 착용감이 매력입니다. 원형으로 폭이 좁고 긴 가죽을 연결한 디자인과 단추를 가죽끈으로 연결한 디자인입니다.

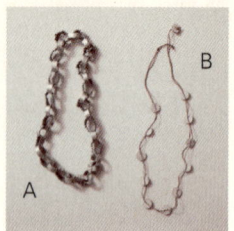

⊙ 완성 크기: 길이 80cm

⊙ 재료
체인a: 양가죽-은박(두께 0.8mm)
        20cm×16cm
체인b: 소가죽-은박(두께 1.2mm)
        20cm×9cm

⊙ 실물 크기 도안→126쪽

⊙ 만드는 법
1. 체인a의 가운데 부분을 러닝스티치로 꿰매고, 실을 잡아당겨 8cm가 될 때까지 오그린 뒤①, 고리 형태로 꿰맨다②. 같은 방법으로 17개 만든다.
2. 체인b를 1에 통과시키고, 마찬가지로 고리 형태로 꿰맨다③.
3. 이 과정을 반복하여 번갈아가며 17개씩 연결해 원형을 만든다④.

체인a(17장)
체인b(17장)

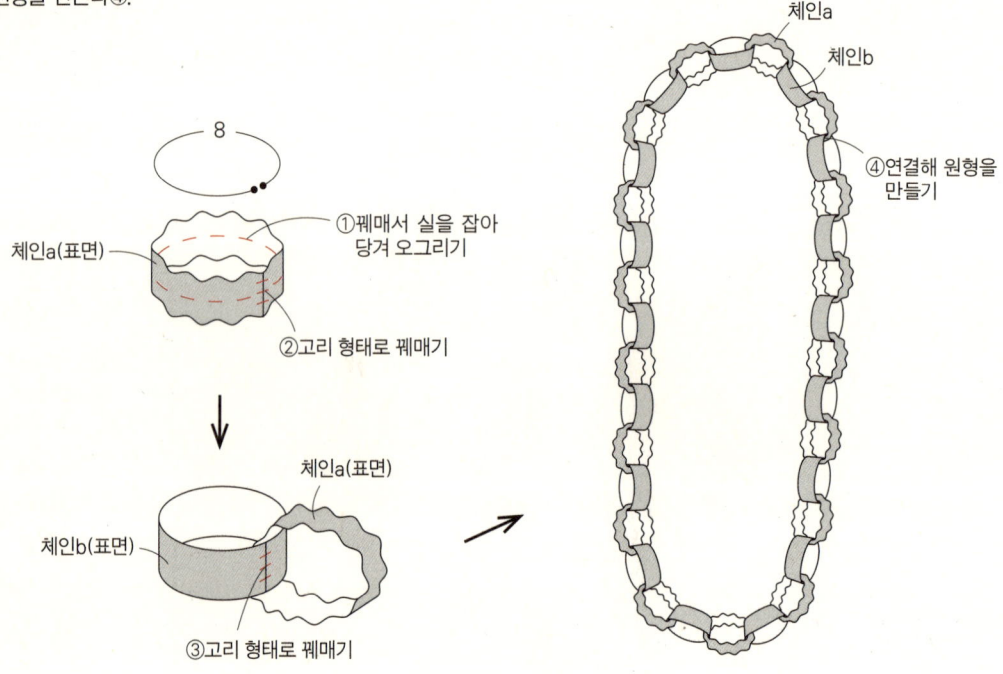

39 목걸이B 38쪽

◉ 완성 크기: 길이 80cm

◉ 재료

낙타가죽-흰색(두께 1.5mm) 15cm×10cm
가죽끈(지름 1mm×1m) 2개

◉ 만드는 법

1. 가죽 2장을 안끼리 맞대어 접착제로 붙인 다음①, 지름 20mm 원형 펀치로 동그랗게 찍어낸다②.
2. 2mm 원형 펀치로 구멍을 2개 뚫는다③. 같은 방법으로 12개 만든다.
3. 가죽끈 2줄의 끝부분을 한 번 감아 묶어 매듭짓는다④.
4. 2를 끼우고 묶어준 뒤⑤, 나머지를 모두 끼운 다음⑥, 끝부분을 묶어 매듭짓는다⑦.

◉ 실물 크기 도안→125쪽

단추 (24장)

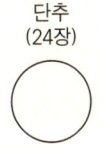

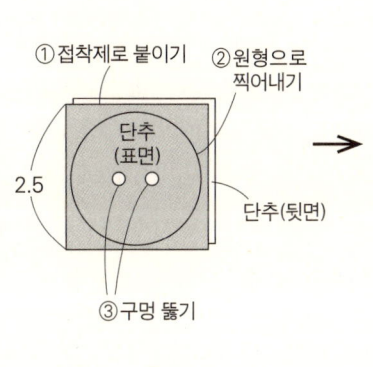

① 접착제로 붙이기
② 원형으로 찍어내기
단추 (표면)
2.5
단추(뒷면)
③ 구멍 뚫기

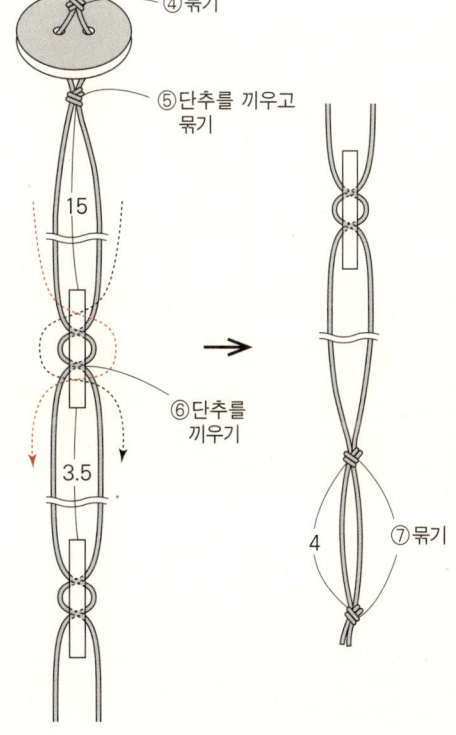

④ 묶기
⑤ 단추를 끼우고 묶기
15
⑥ 단추를 끼우기
3.5
4
⑦ 묶기

40 브로치A 39쪽

◉ **완성 크기:** 지름 6.5cm

◉ **재료**
돼지가죽—빨간색(두께 1.1mm) 15cm×13cm
브로치 핀 3cm 1개

◉ **만드는 법**
1. 대·중·소 크기로 꽃잎을 재단하고, 겹쳐서 가운데 부분을 접착제로 붙여①, 꿰매서 고정시킨다②.
2. 브로치 판에 칼집을 내서 브로치 핀을 끼우고③, 1의 뒷면에 접착제로 붙인다④. 꽃잎을 1장씩 가운데로 모아주듯이 입체적으로 모양을 잡아준다.

좋아하는 모양으로 자르거나, 바늘땀을 넣거나, 끈 형태의 가죽을 돌돌 말아보세요.
뒤에 핀을 붙이면 순식간에 브로치가 완성된답니다.

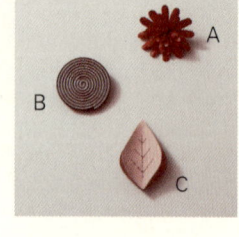

◉ **실물 크기 도안→**126쪽

꽃잎·대 (1장) 꽃잎·중 (1장) 꽃잎·소 (1장) 브로치 판 (1장)

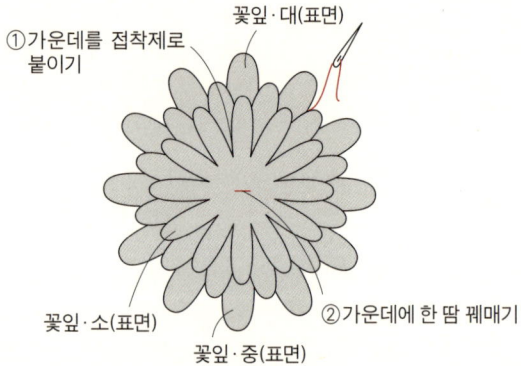

① 가운데를 접착제로 붙이기
꽃잎·대(표면)
꽃잎·소(표면)
꽃잎·중(표면)
② 가운데에 한 땀 꿰매기

↓

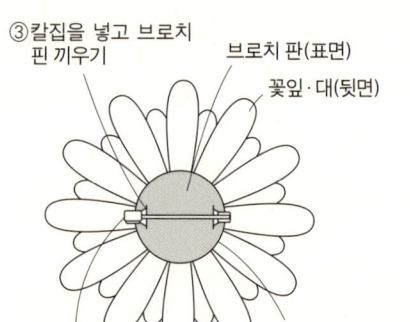

③ 칼집을 넣고 브로치 핀 끼우기
브로치 판(표면)
꽃잎·대(뒷면)
브로치 핀
④ 접착제로 붙이기

41 브로치B 39쪽

⊙ 완성 크기: 지름 6.5cm

⊙ 재료
가죽끈—흰색, 검은색 각각(폭 5mm) 1m
브로치 판용 가죽(자투리 가죽도 가능) 지름 2.7cm
브로치 핀 3cm 1개

⊙ 만드는 법
1. 가죽끈 2줄 뒷면에 접착제를 바르고, 겹겹이 붙여가며 돌돌 말아준다①. 적당한 크기가 되면 여분은 잘라낸다.
2. 브로치 판에 칼집을 내서 브로치 핀을 끼우고②, 1의 뒷면에 접착제로 붙인다③.

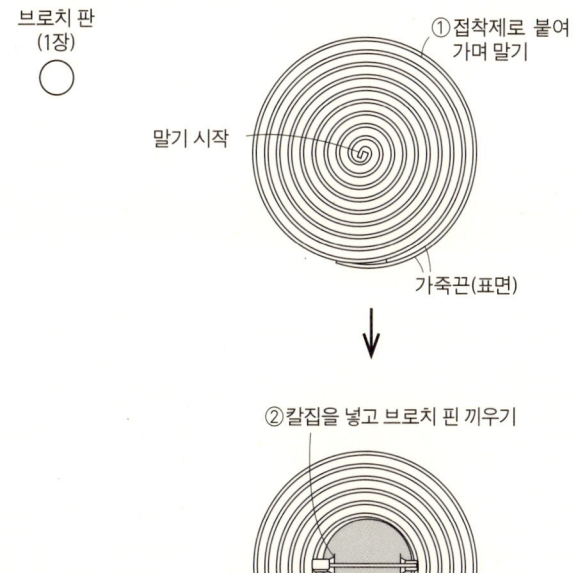

42 브로치C 39쪽

⊙ 완성 크기: 5.5cm×9cm

⊙ 재료
돼지가죽—베이지색, 카멜색(두께 1mm) 각각 7cm×7cm
브로치 핀 3cm 1개

⊙ 만드는 법
1. 잎 1장에 잎맥 3줄을 V자로 꿰맨다①.
2. 2장을 겹쳐서 잎맥 가운데 부분만 접착제로 좁게 맞붙여 꿰맨다②.
3. 첫 번째 가죽에는 바늘땀이 나오지 않도록 두 번째 가죽 뒷면에 브로치 핀을 꿰매어 고정시킨다③.

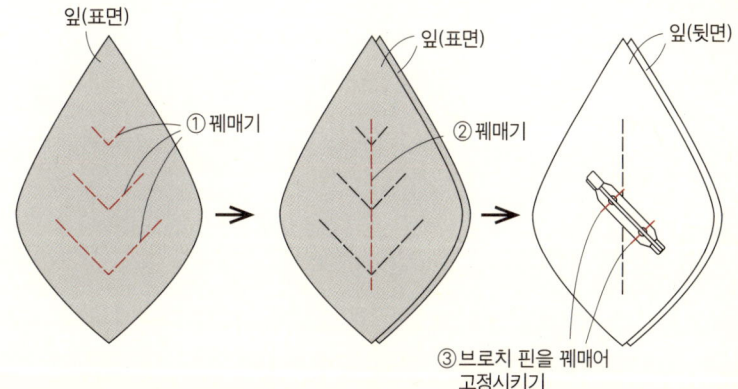

43 반지A 39쪽

◉ 완성 크기: 지름 2cm

◉ 재료
말가죽–진갈색(두께 1.2mm) 6.5cm×1.5cm
돼지가죽–베이지색(두께 1mm) 7cm×0.5cm

◉ 만드는 법
1. 링에 장식띠를 겹쳐서 접착제로 붙이고①, 가운데 부분에 바늘땀을 뚫은 뒤 꿰맨다②.
2. 고리 형태로 꿰맨다③.

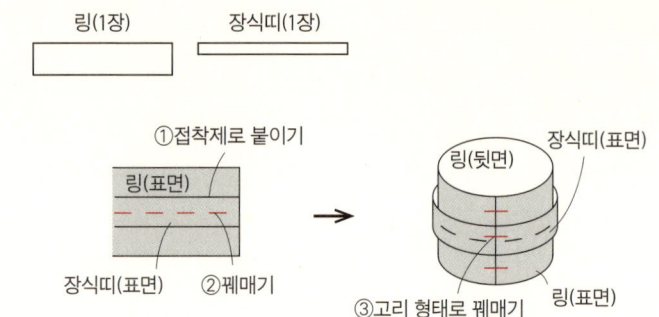

44 반지B 39쪽

◉ 완성 크기: 지름 2cm

◉ 재료
소가죽–은박(두께 1.2mm) 7cm×6cm
쉘비즈(지름 10mm) 1개

◉ 만드는 법
1. 원형 장식 테두리에 바늘땀 구멍을 뚫고 러닝스티치로 꿰맨다(실과 바늘은 끊지 말고 그대로 둔다)①.
2. 링을 고리 형태로 꿰맨다②.
3. 원형 장식의 가운데 부분을 링에 꿰매어 고정시킨다③.
4. 원형 장식의 뒷면 가운데에 비즈를 접착제로 붙이고④, 1의 실을 잡아당겨 조여서 고정시킨다⑤.

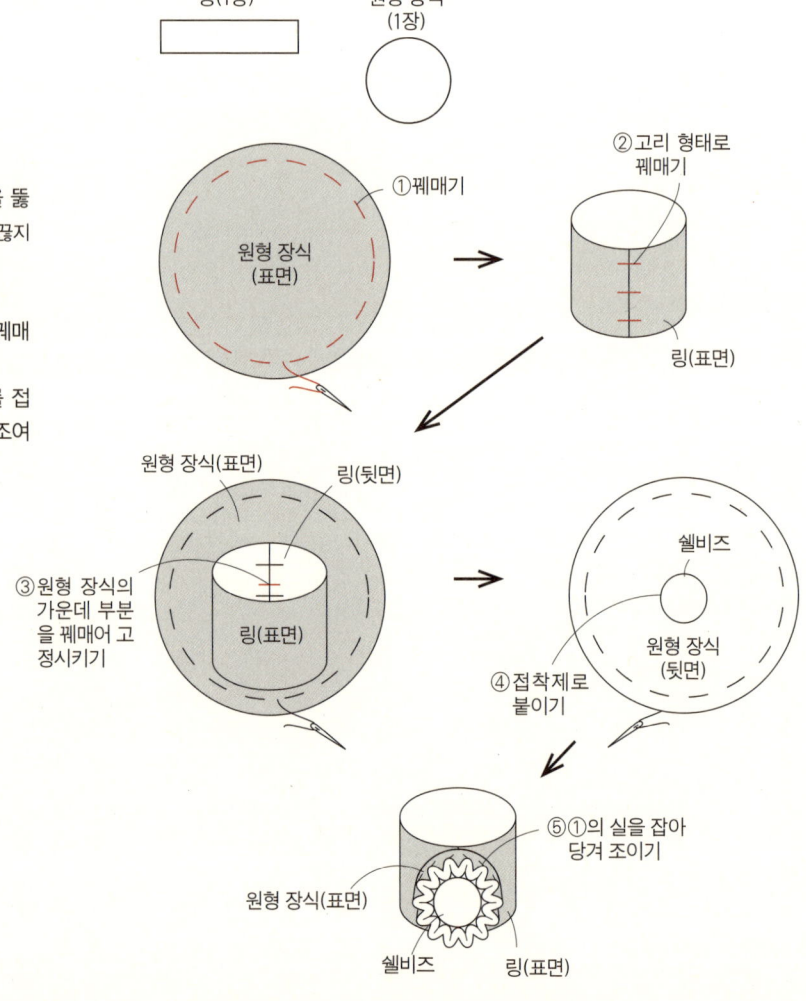

45 반지C 39쪽

◉ 완성 크기: 지름 2cm

◉ 재료
양가죽-검은색 에나멜(두께 1mm)
  6.5cm×1.5cm
소가죽-은박(두께 1.2mm) 8cm×3cm

◉ 만드는 법
1. 링에 장식띠를 겹쳐서 접착제로 붙이고①, 고리 형태로 꿰맨다②.
2. 가운데에 원형 장식을 접착제로 붙이고③, 꿰매어 고정시킨다④.

◉ 실물 크기 도안→122쪽

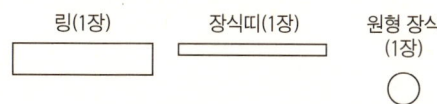

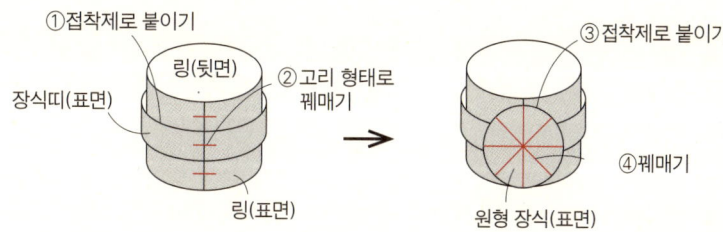

46 반지D 39쪽

◉ 완성 크기: 지름 2cm

◉ 재료
돼지가죽-빨간색(두께 1.1mm) 6.5cm×1.5cm
낙타가죽-흰색(두께 1.5mm) 7cm×1cm

◉ 만드는 법
1. 장식띠에 원형 펀치로 구멍을 뚫고①, 링에 겹쳐서 접착제로 붙인다②.
2. 고리 형태로 꿰맨다③.

◉ 실물 크기 도안→122쪽

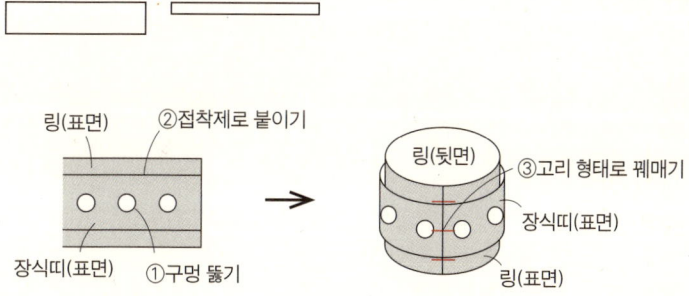

47 벨트A 40쪽

⊙ 완성 크기: 3cm×100cm

⊙ 재료
소가죽-베이지색(두께 2.2mm) 3cm×120cm
  (벨트 고리 1.2cm×8cm 포함)
버클(폭 30mm) 1개

균일한 폭으로 잘려 있는 가죽을 사용하면
벨트 만들기는 간단합니다.
취향에 맞는 버클을 달고, 허리둘레에 맞춰서
구멍을 뚫어주세요.

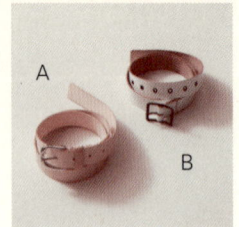

48 벨트B 40쪽

⊙ 완성 크기: 3cm×100cm

⊙ 재료
소가죽-흰색(두께 2.3mm) 3cm×105cm
버클(폭 30mm) 1개
양면 아일렛(안지름 4mm, #200) 7쌍

⊙ 만드는 법

☆ 버클을 단다
1. 버클의 핀을 끼워 넣을 구멍을 타원형으로 뚫는다①.
2. A는 벨트 고리에 러닝스티치로 바늘땀을 넣고, 고리 형태로 연결한 다음 버클을 끼운다②.
3. 벨트의 끝부분을 접어 접착제로 붙이고, 새들스티치로 꿰맨다③.

☆ 구멍을 뚫는다
4. 핀 끼울 구멍을 7군데 뚫는다④. B는 아일렛도 달아준다⑤.

☆ 제도

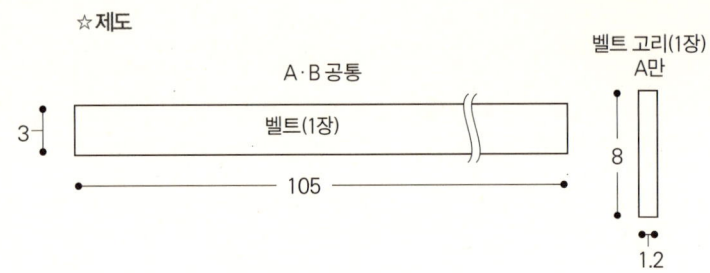

☆ 버클을 단다

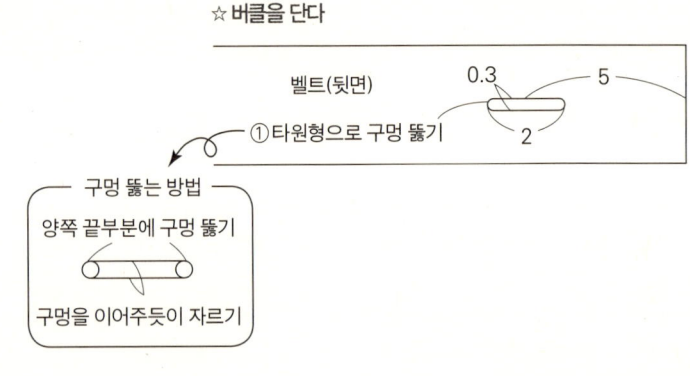

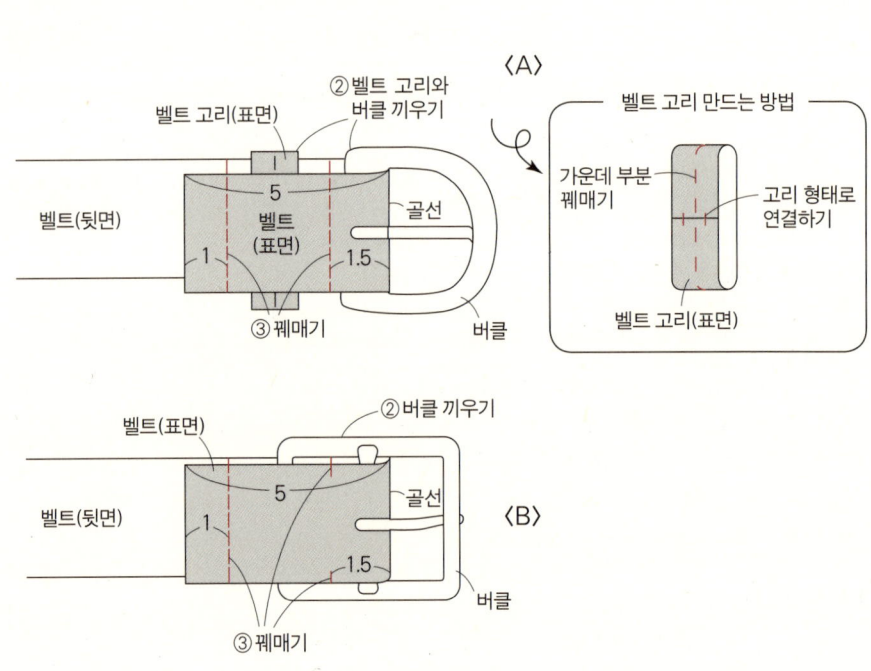

☆ 구멍을 뚫는다

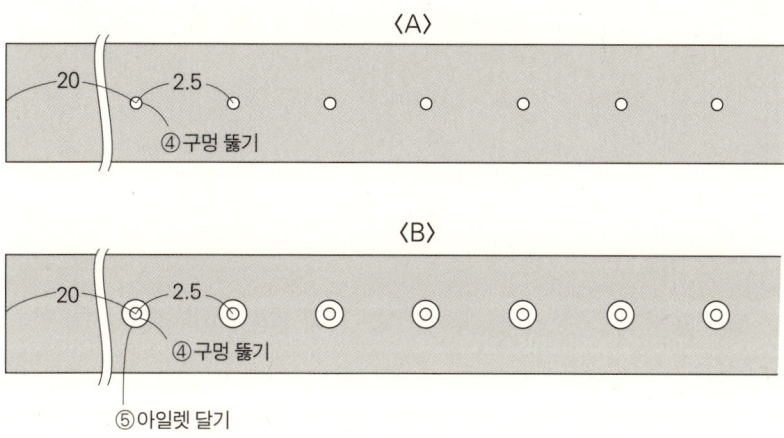

54 실패 44쪽

⊙ 완성 크기: 7cm×9cm

⊙ 재료(1개 분량)
소가죽-갈색 엠보싱, 적갈색 엠보싱(모두 두께 1.2mm) 각각 8cm×10cm

⊙ 만드는 법
1. 2장을 안끼리 맞대어 접착제로 붙이고①, 형지대로 재단한다②.
2. 실 끝을 끼우기 위해 칼집을 낸다③.

가죽 손바느질용 리넨사나 자수실을 정리할 때 실패를 직접 만들어 사용하면 실 색상이 많아져도 걱정 없습니다.
실 끝을 고정시키기 위해 칼집을 내는 것을 잊지 마세요.

⊙ 실물 크기 도안→124쪽

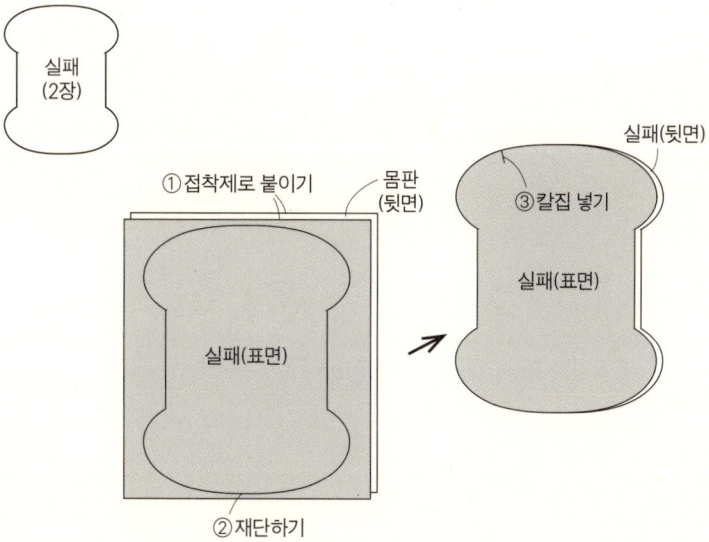

49 손잡이 42쪽

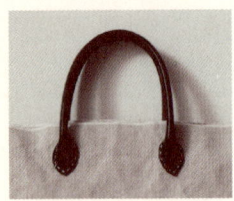

◉ **완성 크기**: 길이 40cm

◉ **재료**
말가죽-진갈색(두께 1.2mm) 41cm×9cm
손잡이 심용 면끈(지름 8mm×160cm)

◉ **만드는 법**
1. 안끼리 맞대어 반으로 접고, 바느질 보조선 끝에서 끝까지 새들스티치로 꿰맨다①.
2. 길이 80cm로 자른 면끈을 반으로 접고, 끈 끼우는 도구 등을 사용하여 손잡이에 통과시킨 뒤, 여분을 잘라낸다②. 같은 방법으로 1개 더 만든다.
3. 바늘 한 개로 러닝스티치해 가방에 꿰매 달아준다③.

천으로 만든 심플한 가방에 직접 만든 가죽 손잡이를 달아보세요.
부드러운 가죽에 로프 심을 넣어 편하게 들 수 있도록 만든 둥근 손잡이.
리넨 소재의 캔버스 가방은 65쪽의 토트백과 같은 크기입니다.

◉ 실물 크기 도안→118쪽

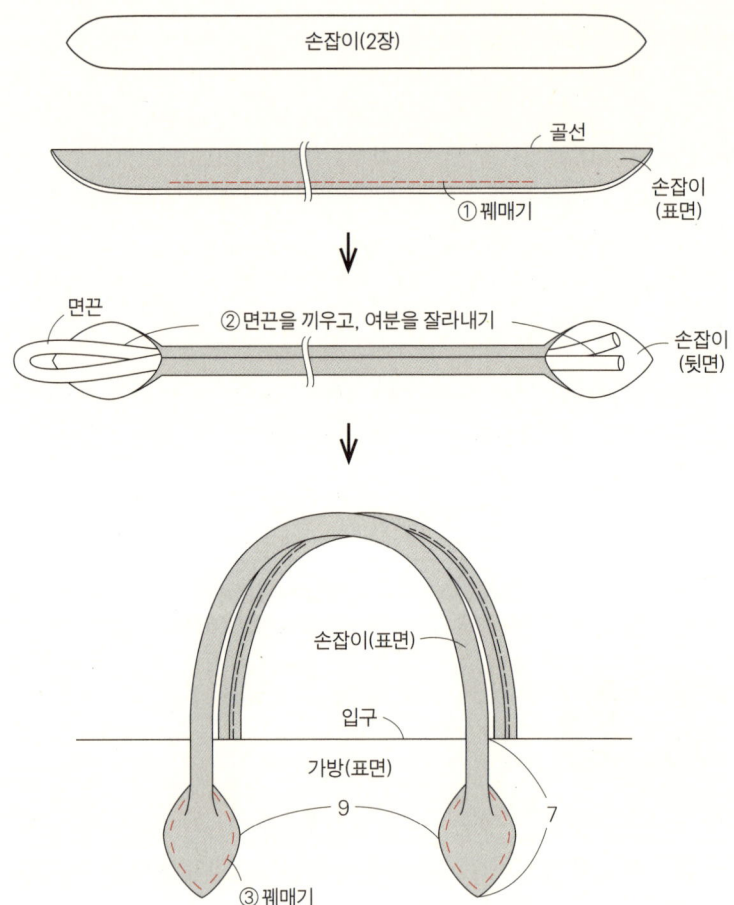

53 태슬 43쪽

⦿ 완성 크기: 각각 길이 4cm

⦿ 재료
각종 가죽(두께 1mm~1.2mm) 12cm×4cm

⦿ 만드는 법
1. 윗부분을 1cm 정도 남겨놓고 4mm 폭으로 칼집을 낸다①.
2. 마지막은 칼집을 윗부분까지 넣어서 잘라내고②, 안끼리 맞대어 반으로 접어서 끝부분을 접착제로 붙인다③.
3. 2를 1의 끝부분과 겹쳐놓고, 2줄 목타로 구멍을 뚫은 뒤, 꿰매어 고정시킨다④.
4. 뒷면에 1cm 폭으로 접착제를 발라 둘둘 말아주고⑤, 말린 끝부분에도 2줄 목타로 구멍을 뚫은 뒤, 겉쪽에서 가죽 2장을 떠서 꿰매어 고정시킨다⑥.

직사각형 가죽에 같은 폭으로 칼집을 내고, 둘둘 말기만 하면 됩니다.
지퍼의 손잡이나 프레임의 스트랩 장식 등 소품 곳곳에 달아놓고 싶어질 거예요.

⦿ 실물 크기 도안→111쪽

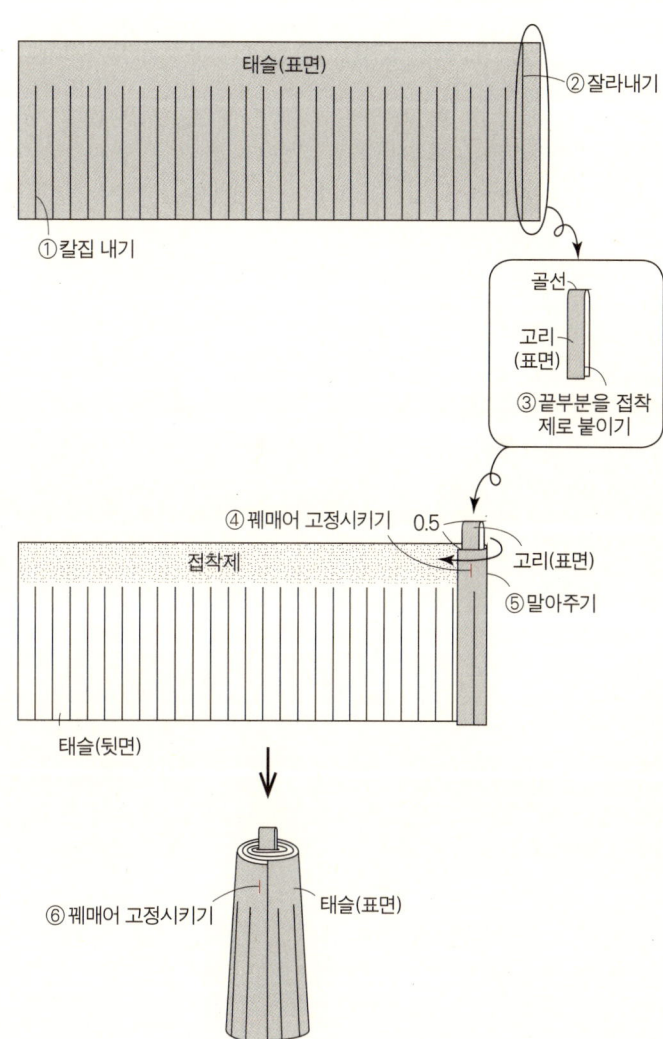

50 2홀 단추 43쪽

◉ 완성 크기: 지름 2cm

◉ 재료(각각 1개 분량)
소가죽—빨간색(두께 2.7mm) 2.5cm×2.5cm
소가죽—베이지색(두께 2mm) 2.5cm×5cm

◉ 만드는 법
1. 빨간색은 1장으로, 베이지색은 2장을 안끼리 맞대어 접착제로 붙인 다음①, 지름 20mm 원형 펀치로 동그랗게 찍어낸다②.
2. 지름 2mm 원형 펀치로 구멍을 2개 뚫는다③.

가죽이 두꺼우면 1장, 가죽이 약하면 2장을 맞붙여서 원형 펀치로 동그랗게 찍어내면 4홀 단추든 2홀 단추든 원하는 대로 만들 수 있습니다.
잠금장식이나 장신구 등으로 다양하게 활용해보세요.

◉ 실물 크기 도안→125쪽

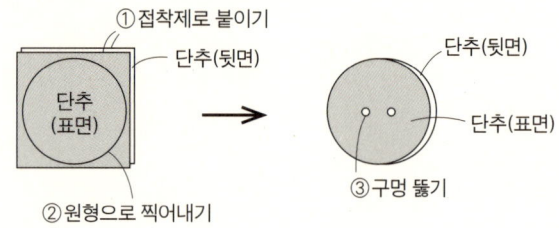

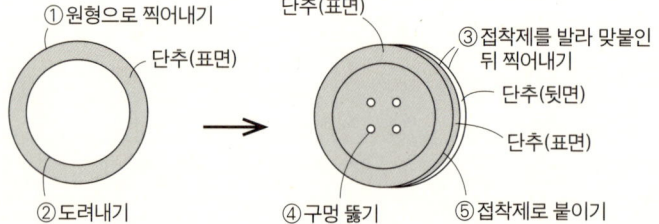

51 4홀 단추 43쪽

◉ 완성 크기: 지름 2.7cm

◉ 재료(1개 분량)
낙타가죽—흰색(두께 1.5mm) 3.5cm×10cm

◉ 만드는 법
1. 가죽을 지름 27mm 원형 펀치로 동그랗게 찍어내고①, 가운데 부분을 지름 20mm 원형 펀치로 구멍을 뚫어낸 것을 1장 만든다②.
2. 가죽 2장을 안끼리 맞대어 접착제로 붙이고, 지름 27mm 원형 펀치로 동그랗게 찍어낸 뒤(위의 2홀 단추 참조)③, 지름 2mm 원형 펀치로 구멍을 4개 뚫는다④.
3. 2에 1을 접착제로 붙인다⑤.

55 재단가위 케이스 45쪽

⊙ 완성 크기: 28.5cm×9.5cm

⊙ 재료
소가죽-검은색 구김 가공(두께 1.8mm)
   30cm×19cm
소가죽-은박(두께 1.2mm) 9cm×2cm
스프링스냅(지름 13mm) 1쌍

⊙ 만드는 법
1. 몸판을 접는 선 위치에서 접고①, 끝부분을 접착제를 발라 맞붙여서 새들스티치로 꿰맨다②.
2. 벨트를 겹쳐놓고, 스프링스냅을 단다③.

크기는 약간 끼는 듯한 정도가 적당하므로 가위 크기에 맞춰 조정하세요.
가장 작은 케이스는 60쪽 연필 캡과 같은 크기입니다.

⊙ 실물 크기 도안→127쪽

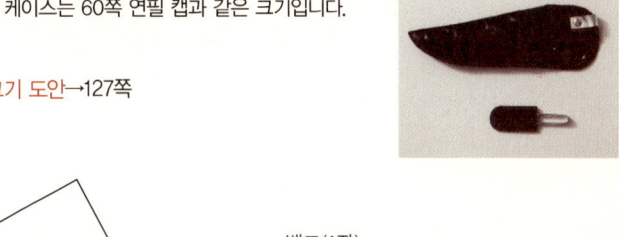

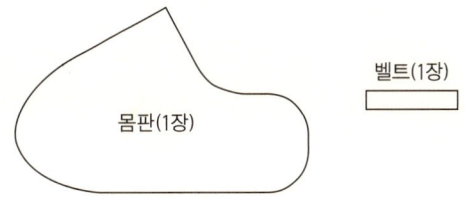

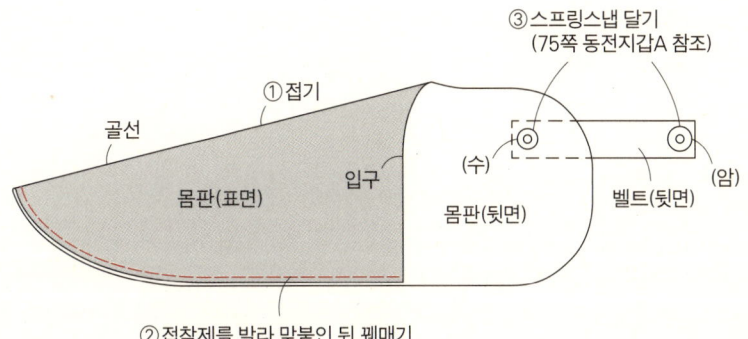

56 쪽가위 케이스 45쪽

⊙ 완성 크기: 3.5cm×7cm

⊙ 재료
소가죽-검은색 구김 가공(두께 1.8mm)
   8cm×8cm

⊙ 만드는 법
2장을 안끼리 맞대어 테두리를 접착제로 붙이고, 새들스티치로 꿰맨다.

⊙ 실물 크기 도안→127쪽

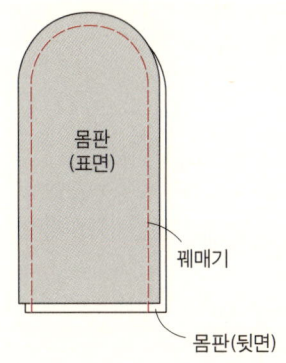

57 도구 케이스 46쪽

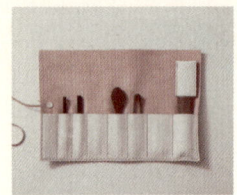

● 완성 크기: 31.6cm×21cm (펼친 상태)

● 재료
낙타가죽-흰색(두께 1.5mm) 50cm×32cm
가죽끈(폭 3mm×50cm)

● 만드는 법
1. 주머니의 세 변을 몸판 뒷면에 접착제로 붙이고, 바느질 구멍을 뚫어 새들스티치로 꿰맨다①.
2. 칸막이를 새들스티치로 꿰맨다②.
3. 4홀 단추를 만들어(106쪽 4홀 단추 참조) 달고③, 가죽끈 끝부분에 칼집을 낸 뒤 단추에 감아서 고정시킨다④.

크기나 칸막이 폭을 수납할 도구에 맞춰 나만의 맞춤형 도구 케이스를 만들어보세요.
가죽칼 커버도 같은 가죽으로 만들었습니다.
가죽은 적당히 두껍고 부드러우면서 튼튼한 것을 선택하도록 하세요.

● 실물 크기 도안→125쪽(단추만)

☆제도

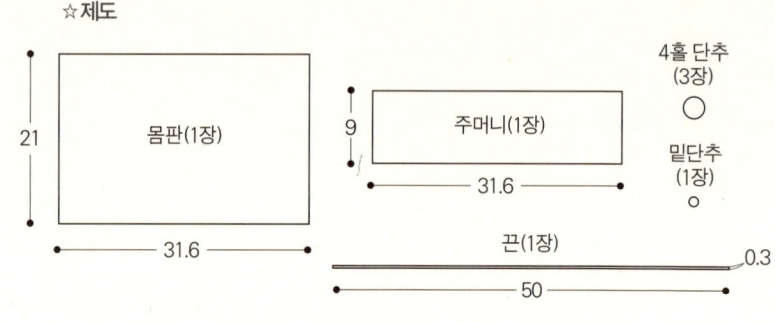

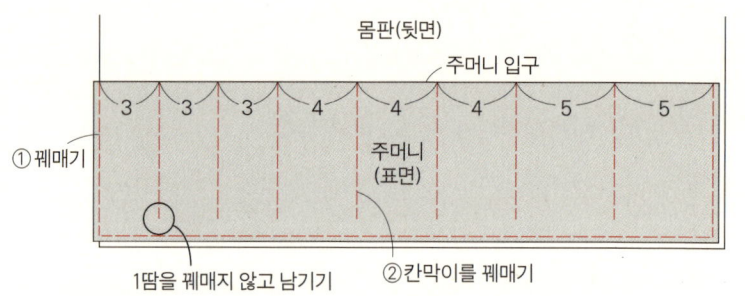

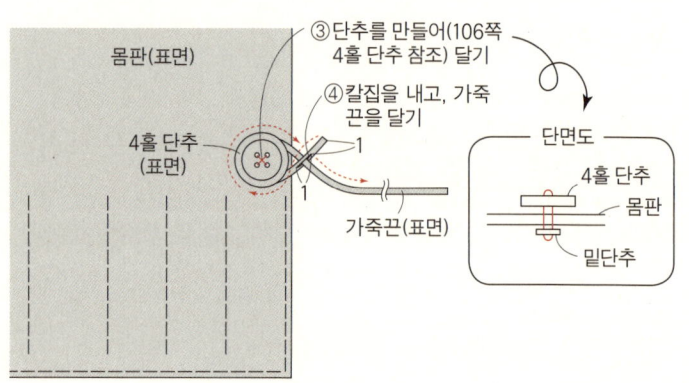

58 가죽칼 커버 46쪽

● 완성 크기: 4cm×6.5cm
 (폭 24mm의 가죽칼용)

● 재료
낙타가죽-흰색(두께 1.5mm) 5cm×14cm

● 만드는 법
안끼리 맞대어 반으로 접고 양옆을 새들스티치로 꿰맨다.

● 실물 크기 도안→125쪽

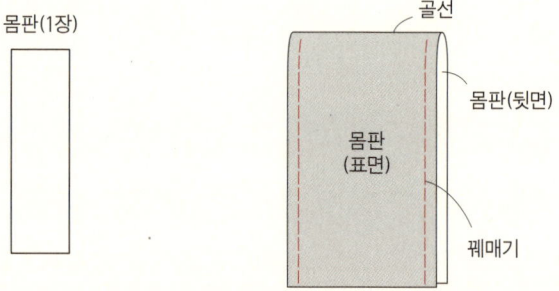

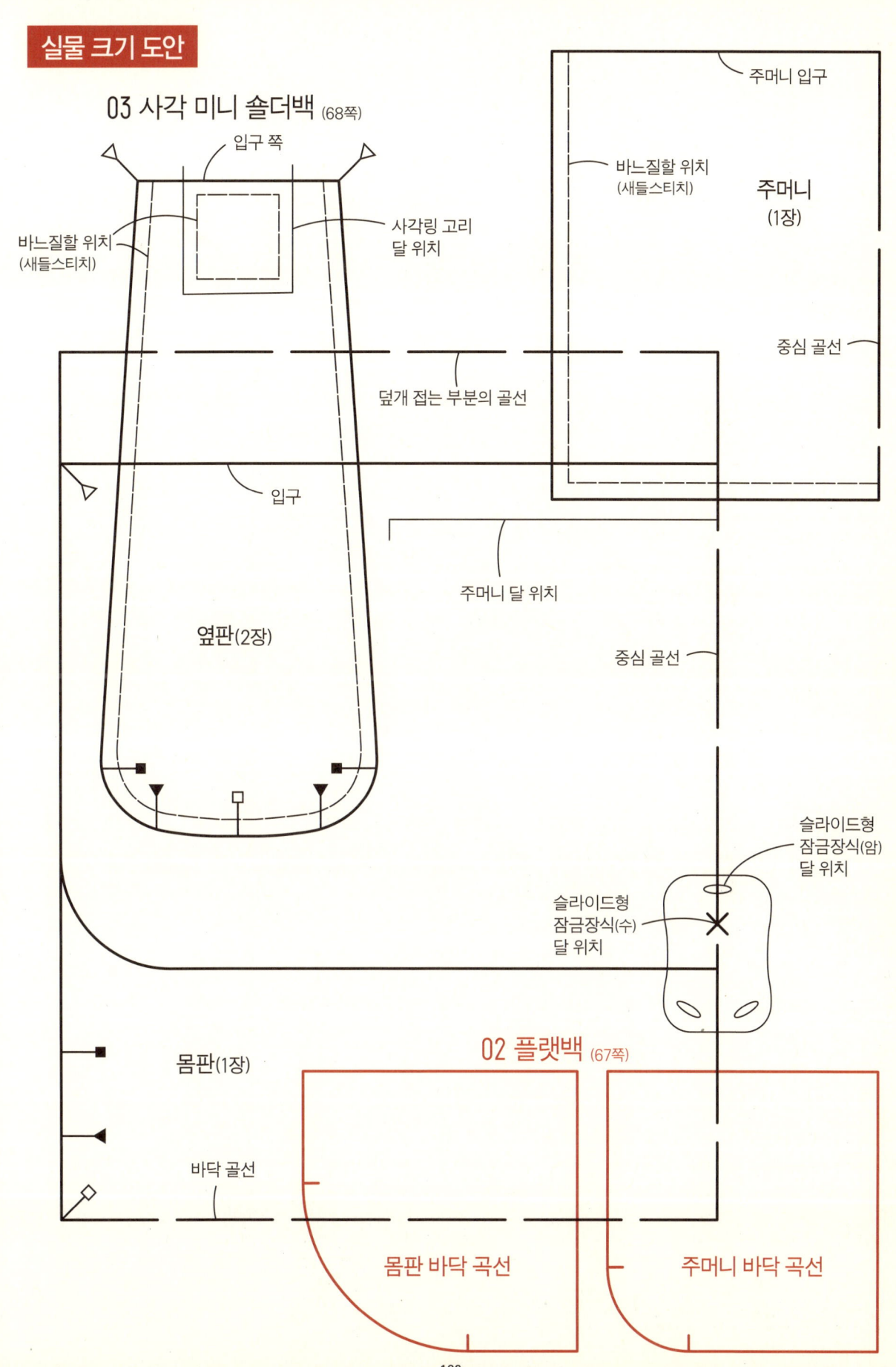

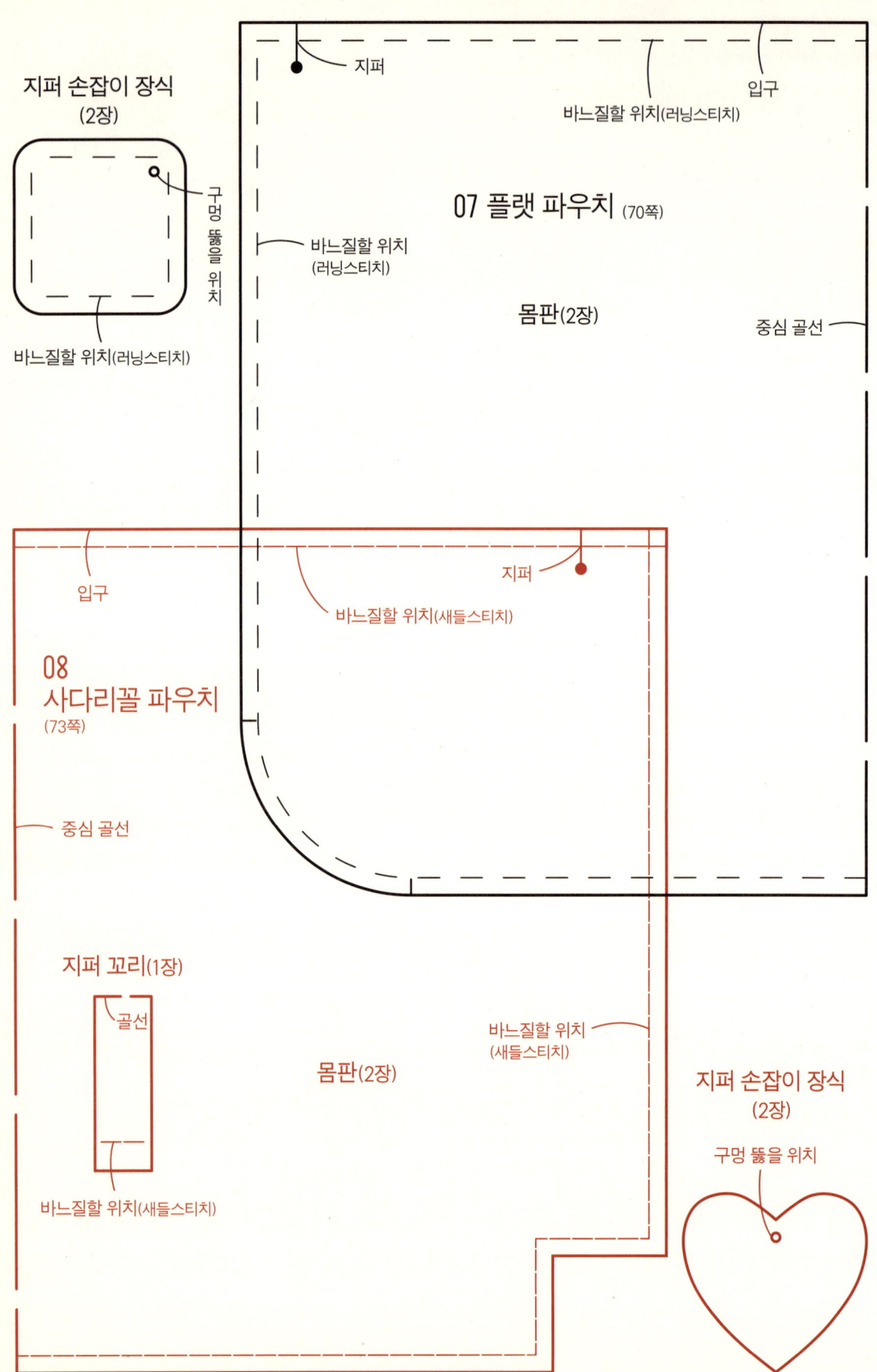

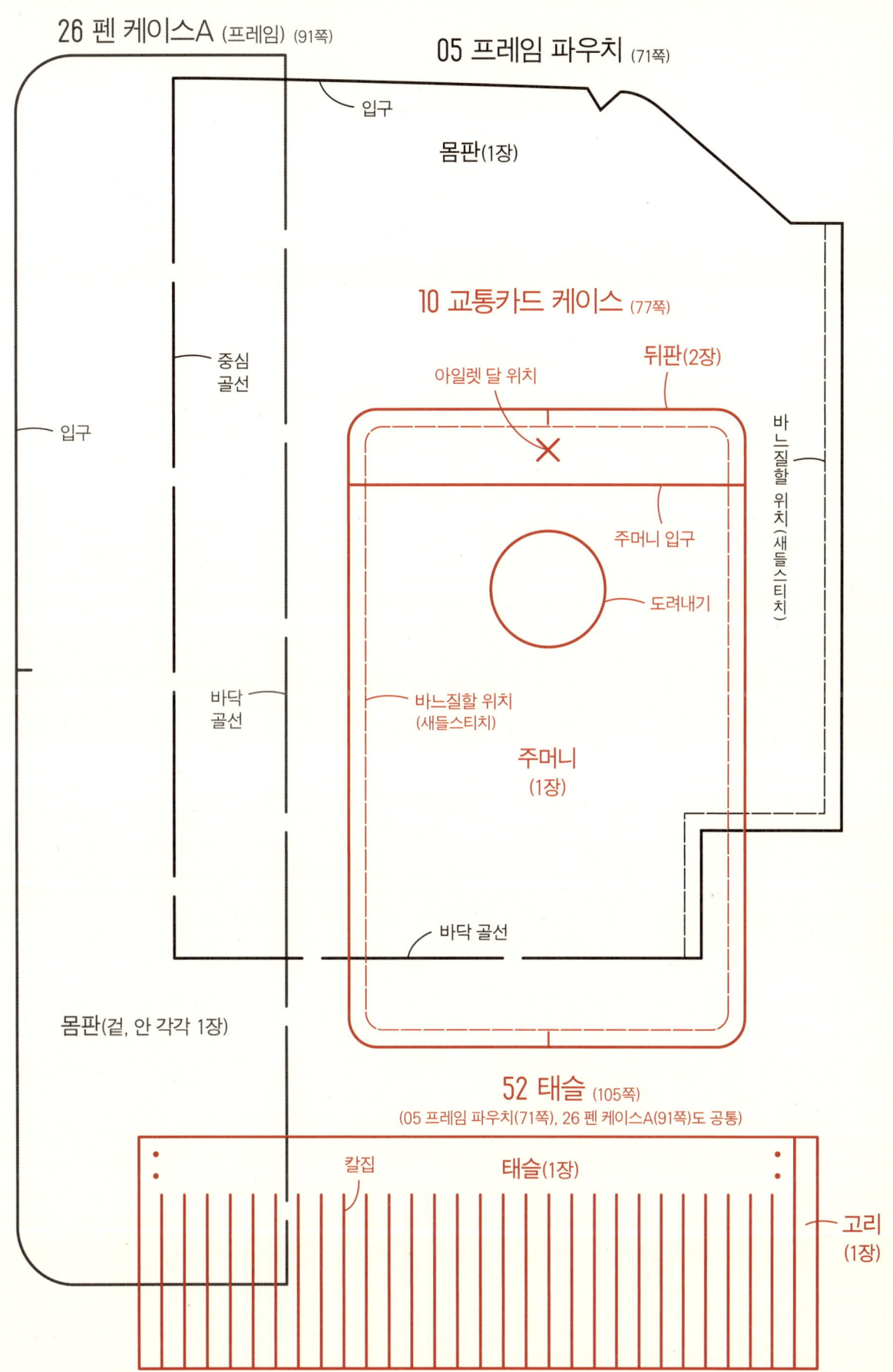

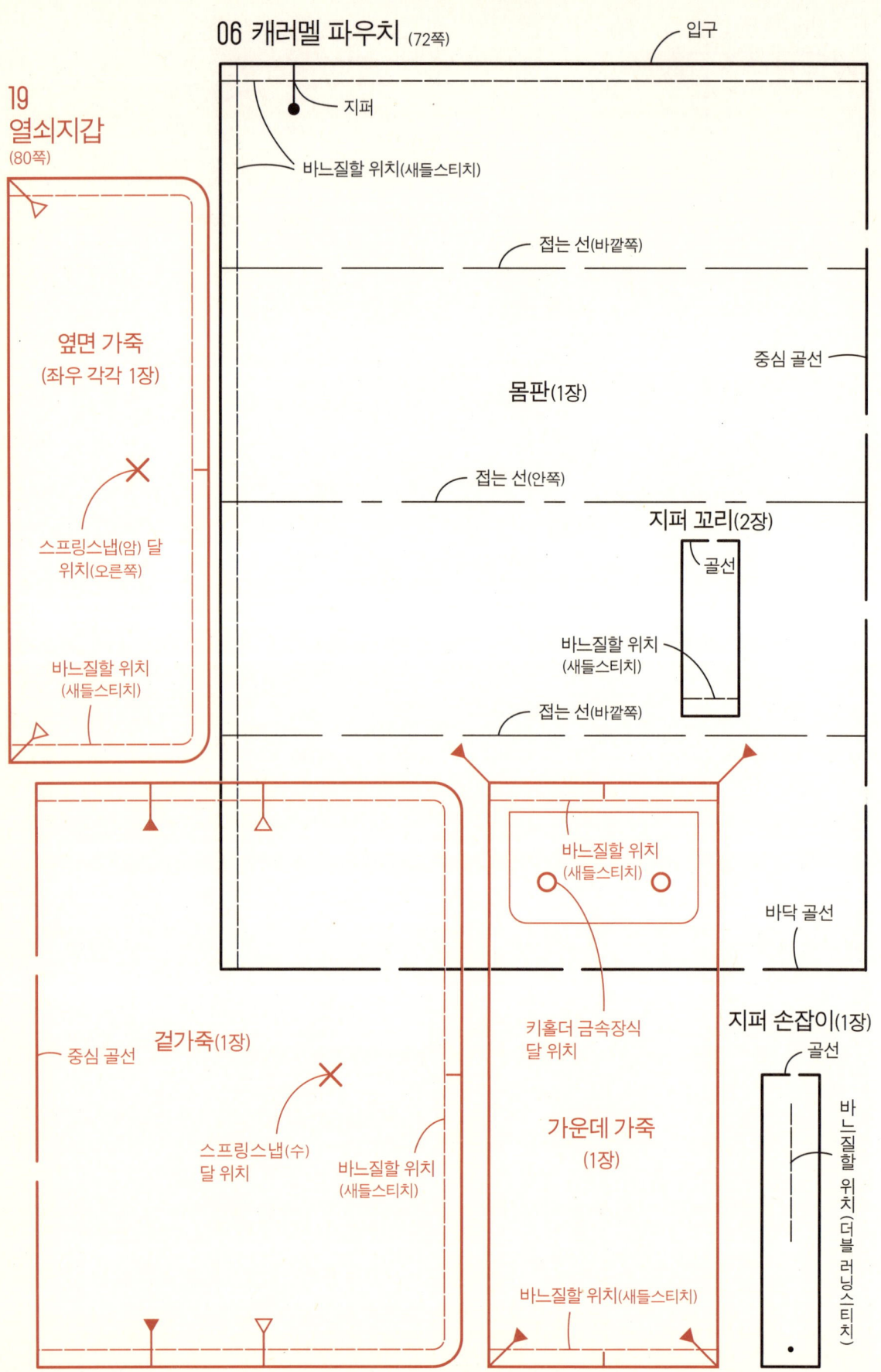

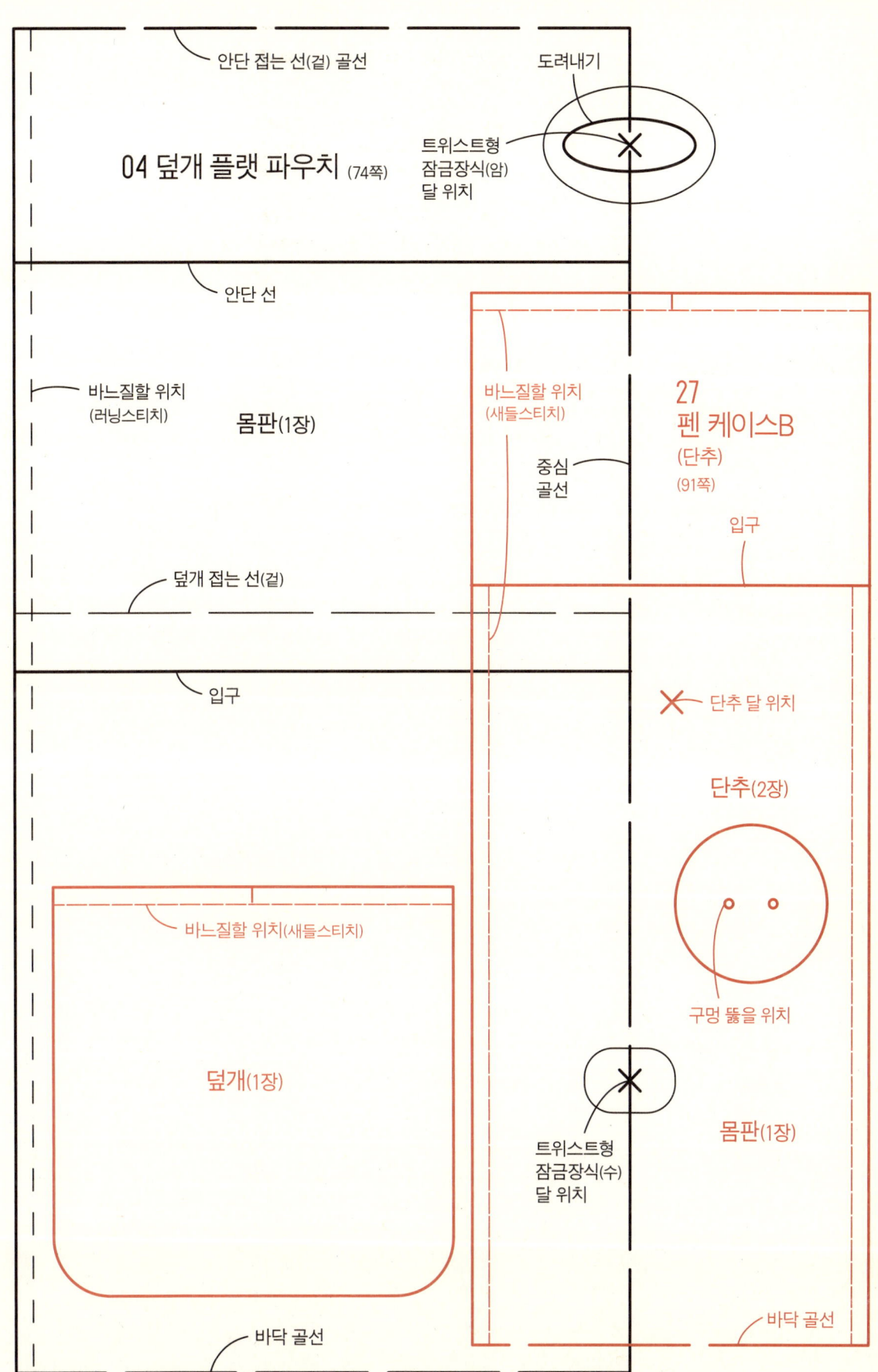

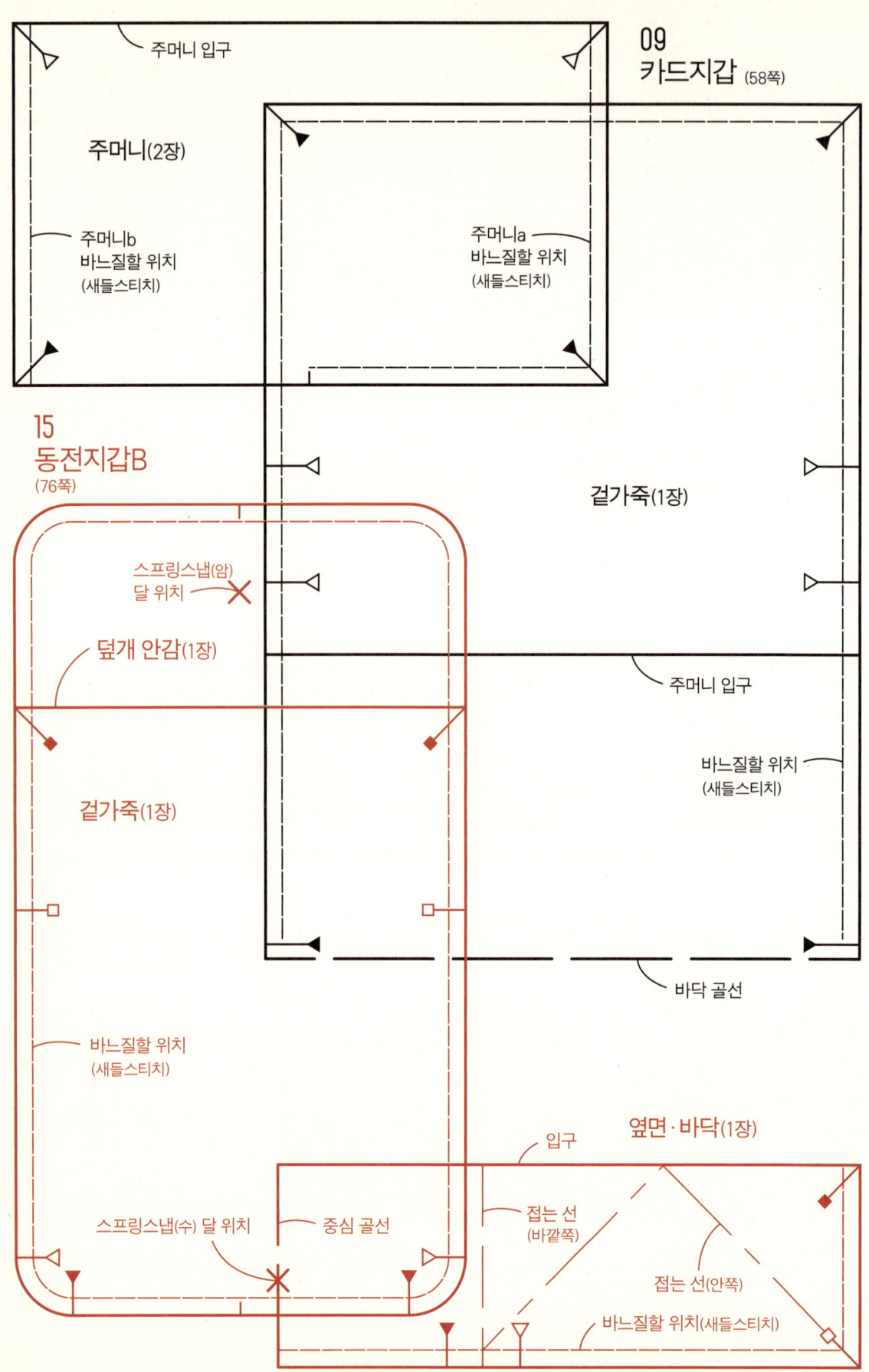

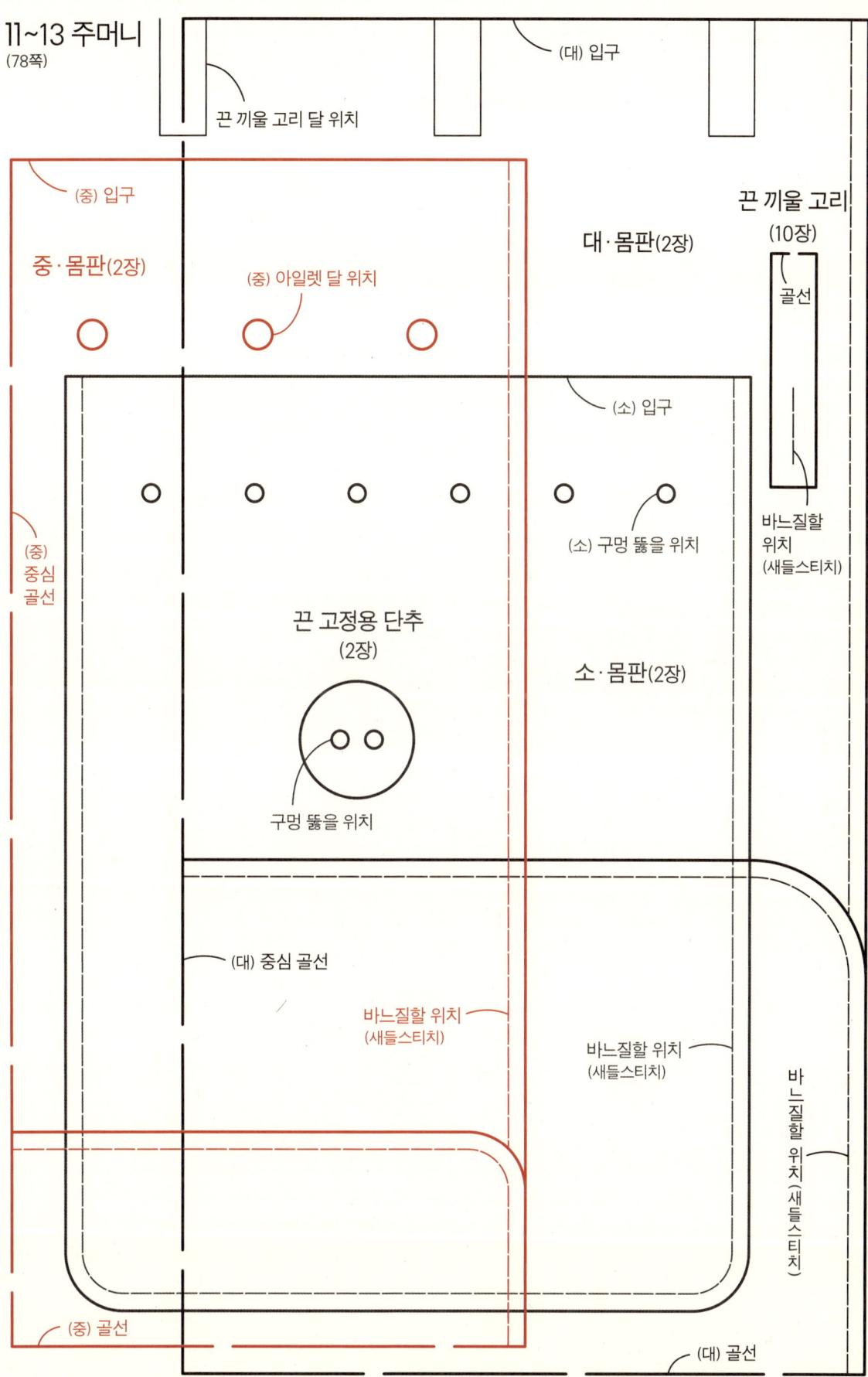

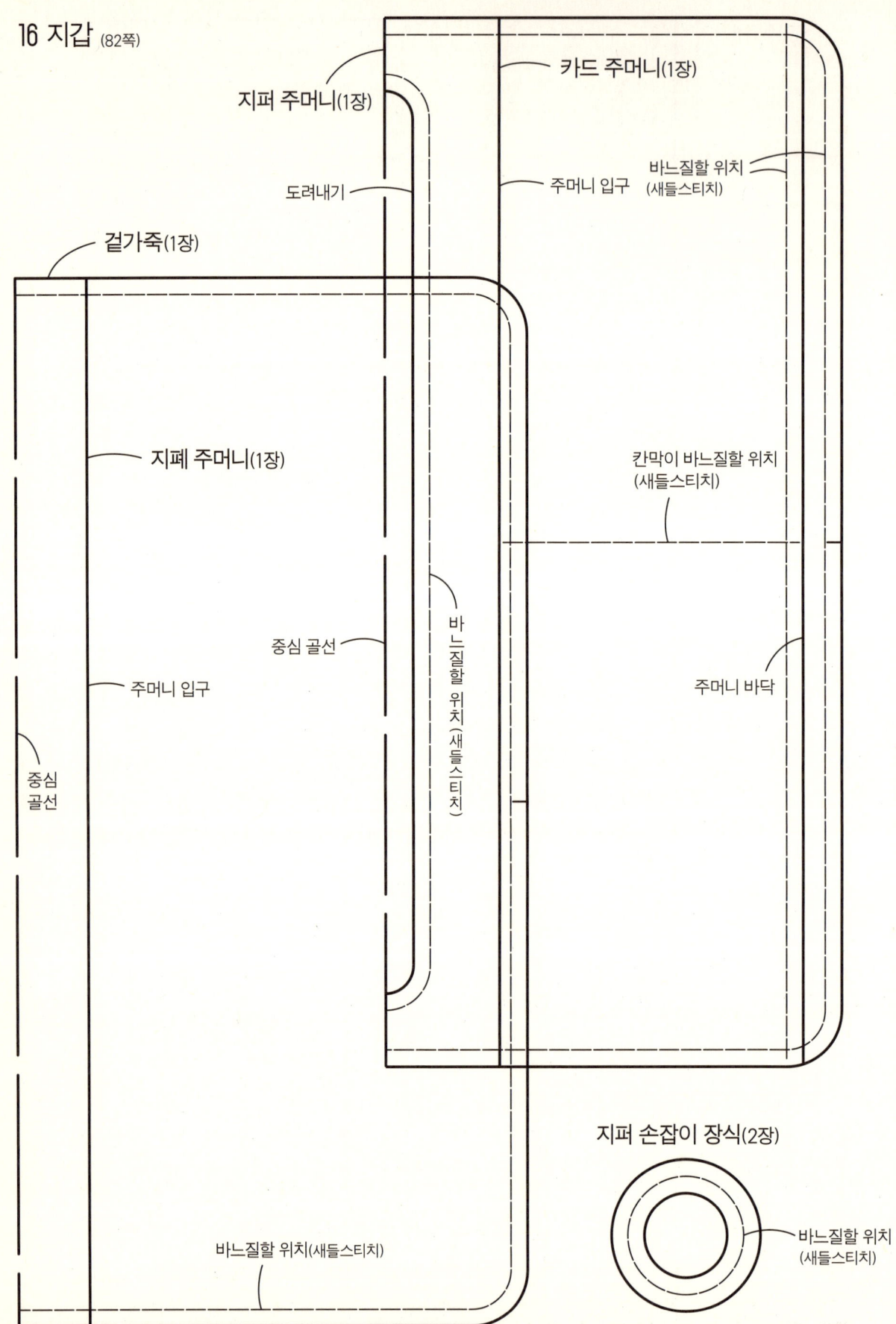

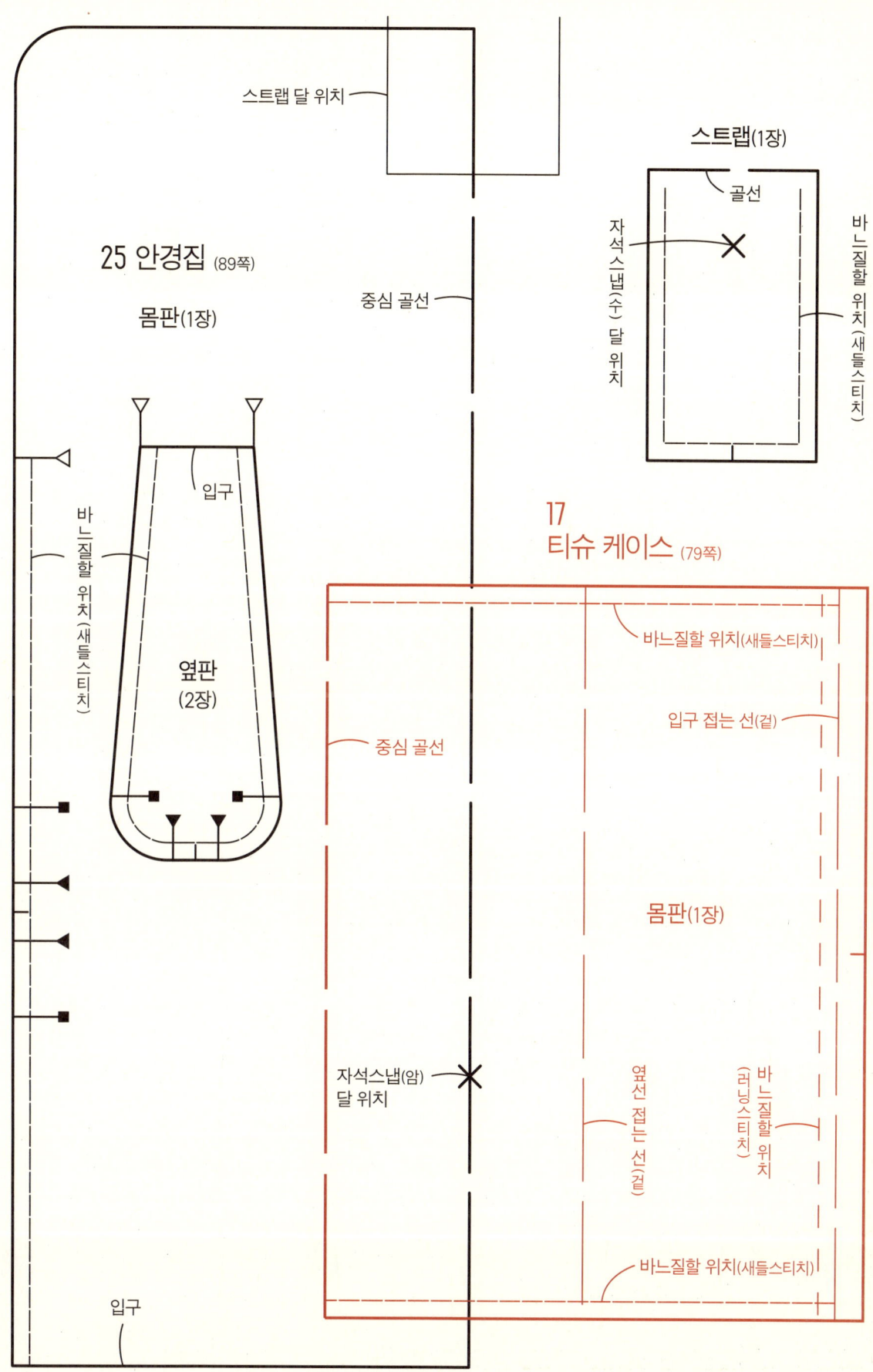

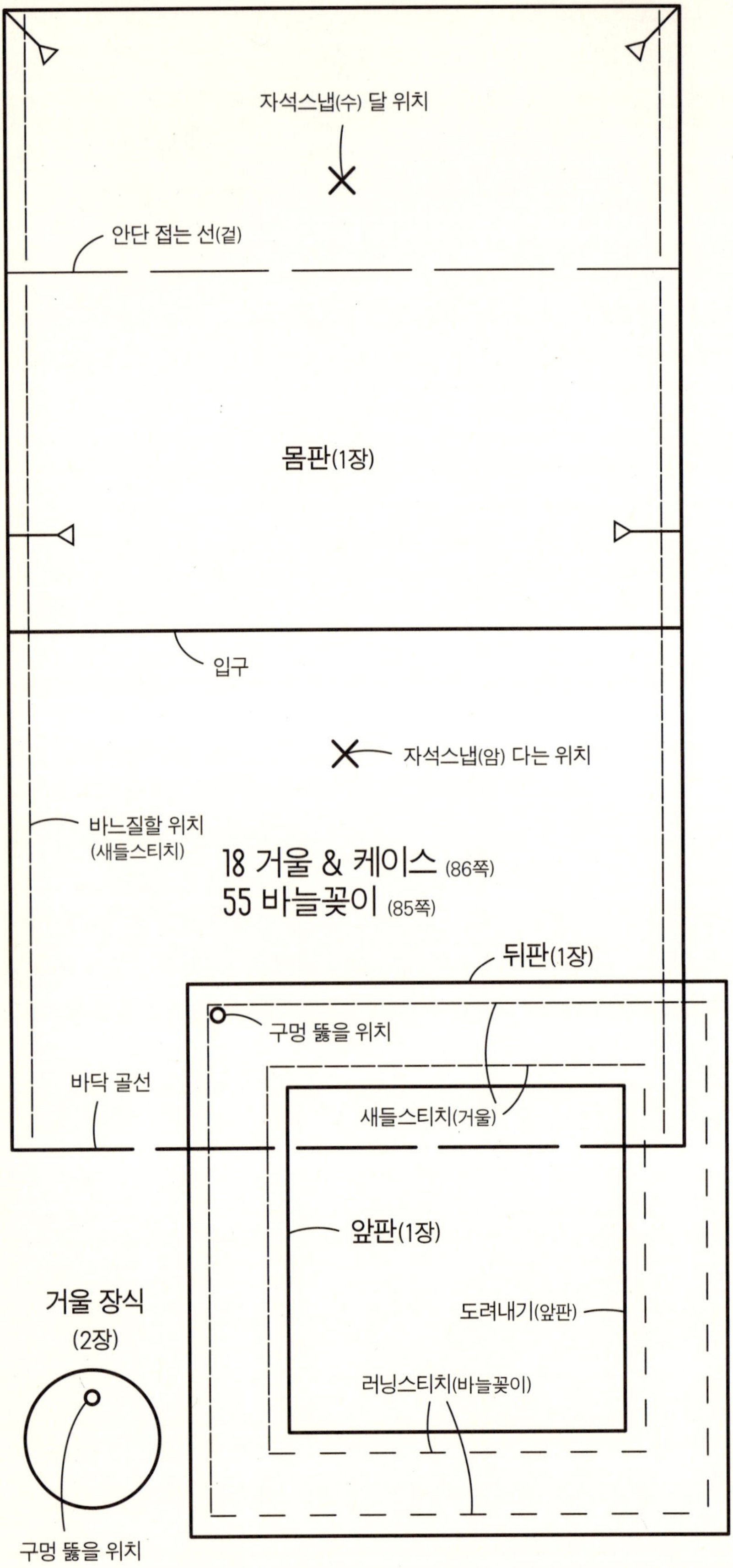

18 거울 & 케이스 (86쪽)
55 바늘꽂이 (85쪽)

- 자석스냅(수) 달 위치
- 안단 접는 선(겉)
- 몸판(1장)
- 입구
- 자석스냅(암) 다는 위치
- 바느질할 위치 (새들스티치)
- 뒤판(1장)
- 구멍 뚫을 위치
- 새들스티치(거울)
- 앞판(1장)
- 도려내기(앞판)
- 러닝스티치(바늘꽂이)
- 바닥 골선

거울 장식 (2장)
- 구멍 뚫을 위치

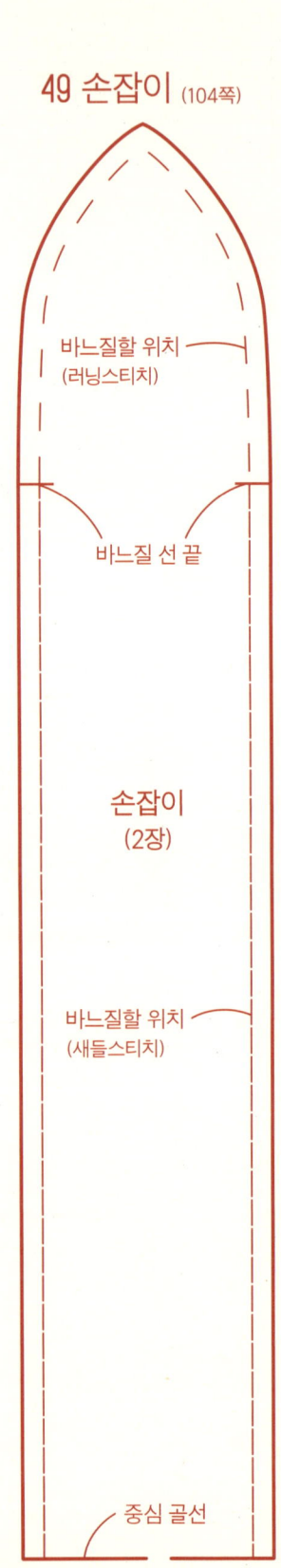

49 손잡이 (104쪽)

- 바느질할 위치 (러닝스티치)
- 바느질 선 끝
- 손잡이 (2장)
- 바느질할 위치 (새들스티치)
- 중심 골선

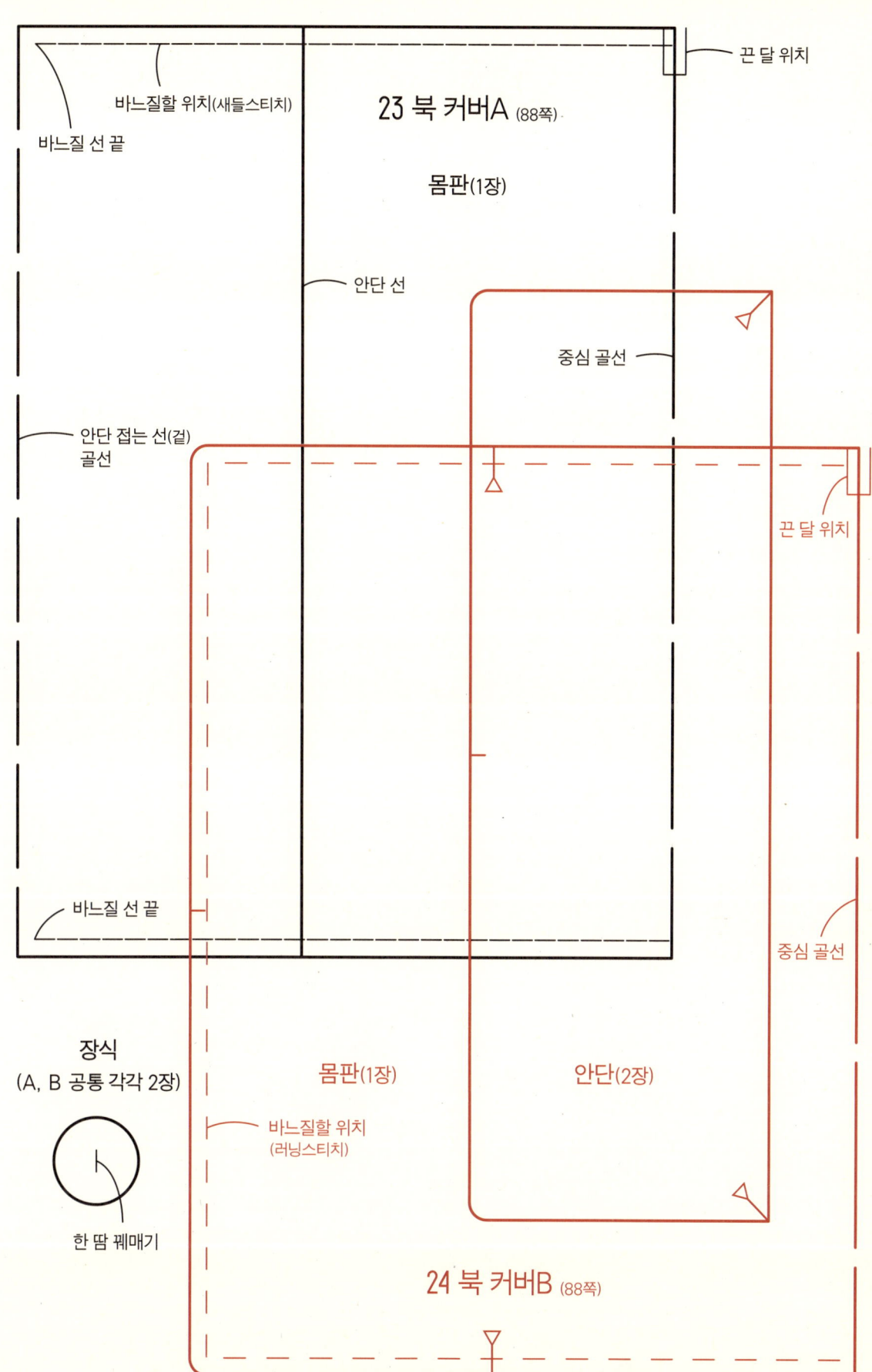

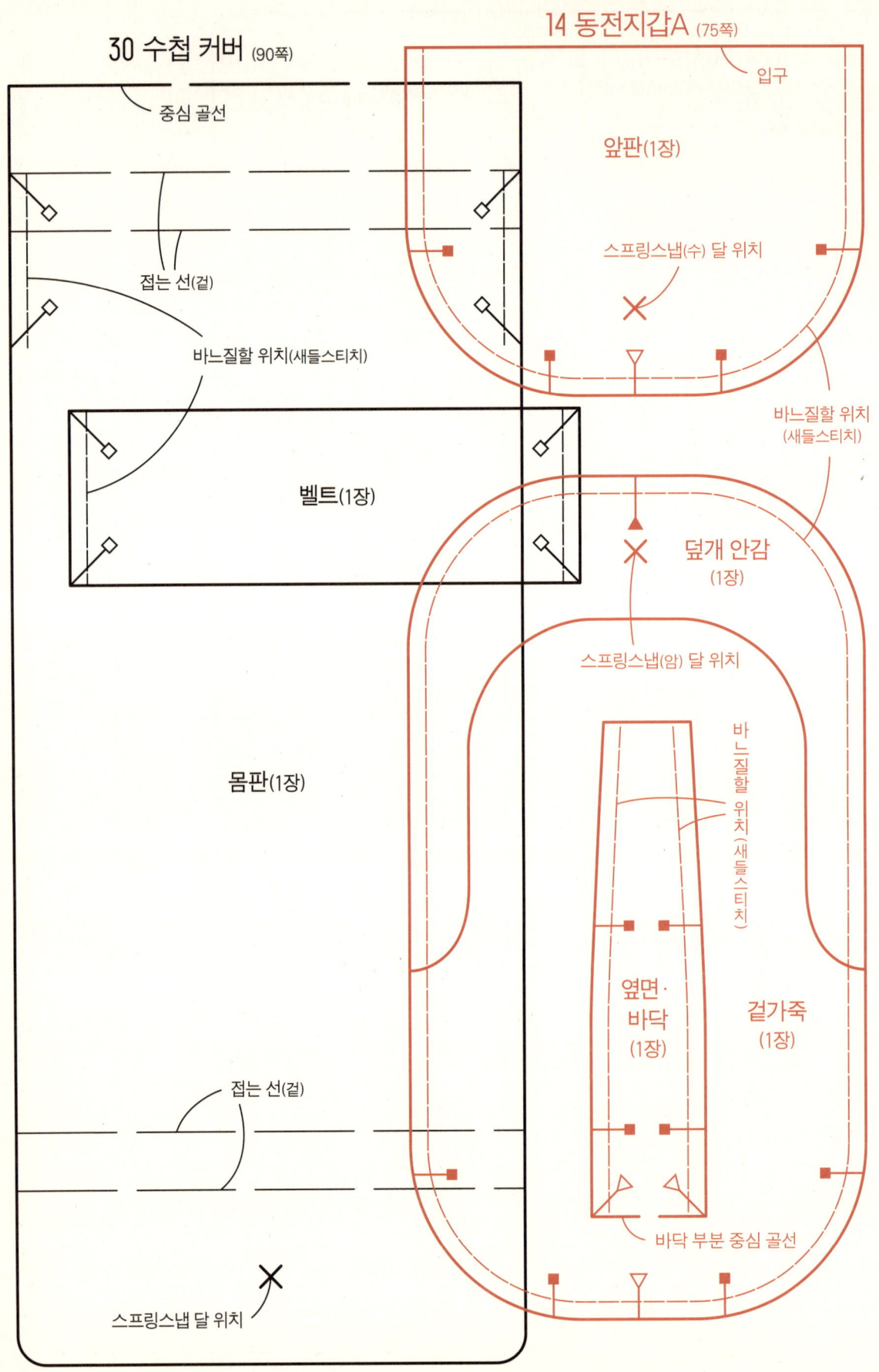

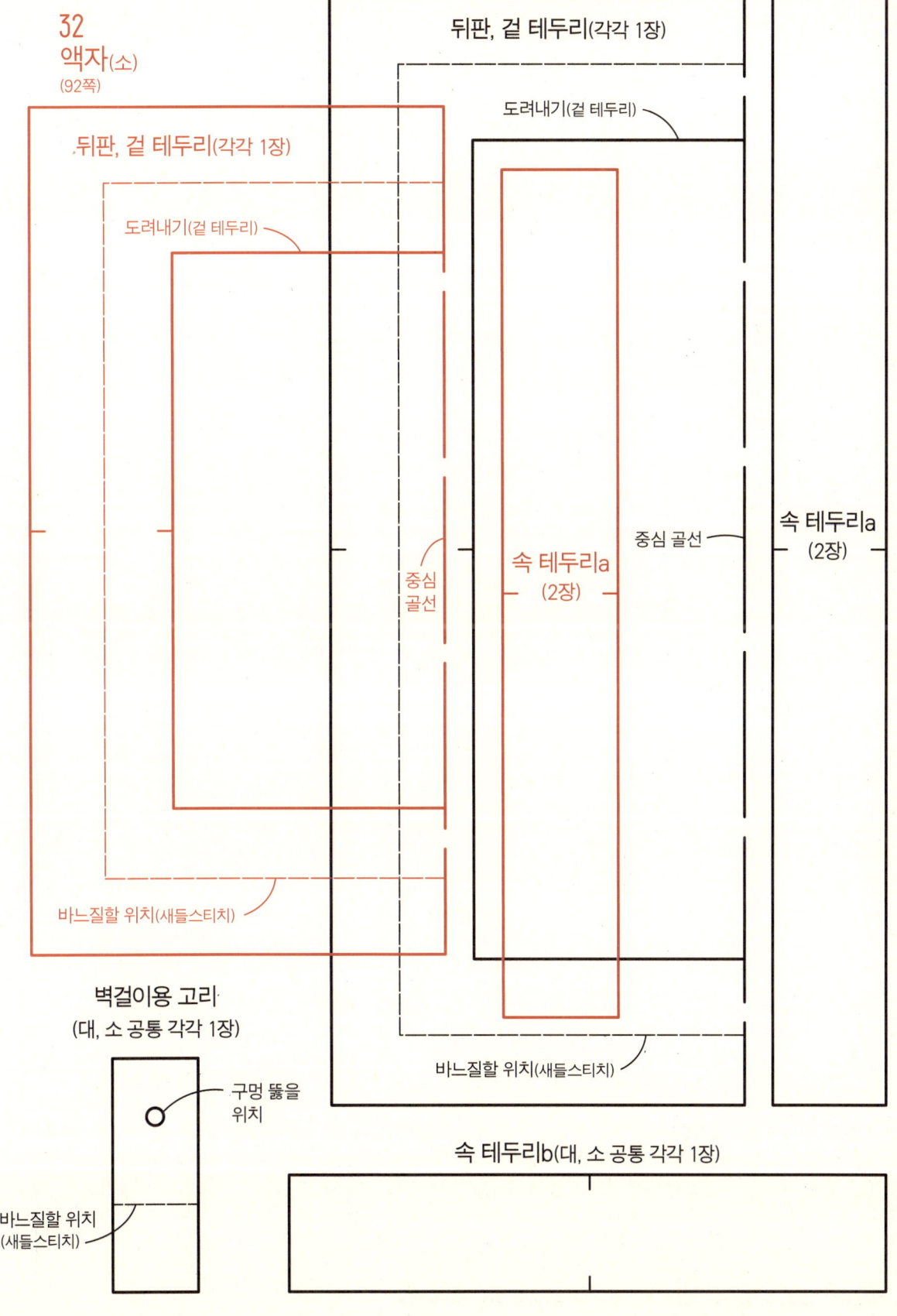

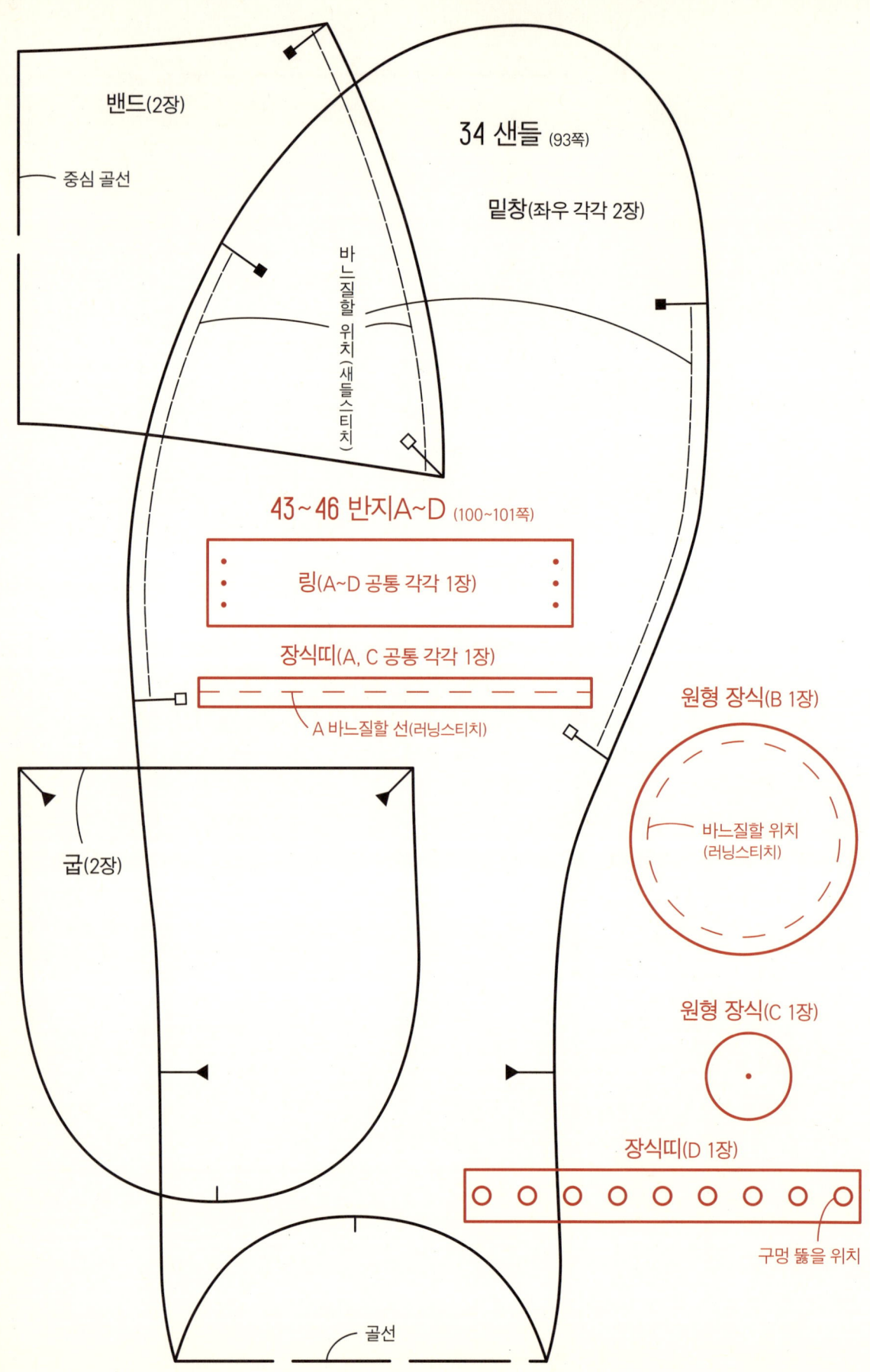

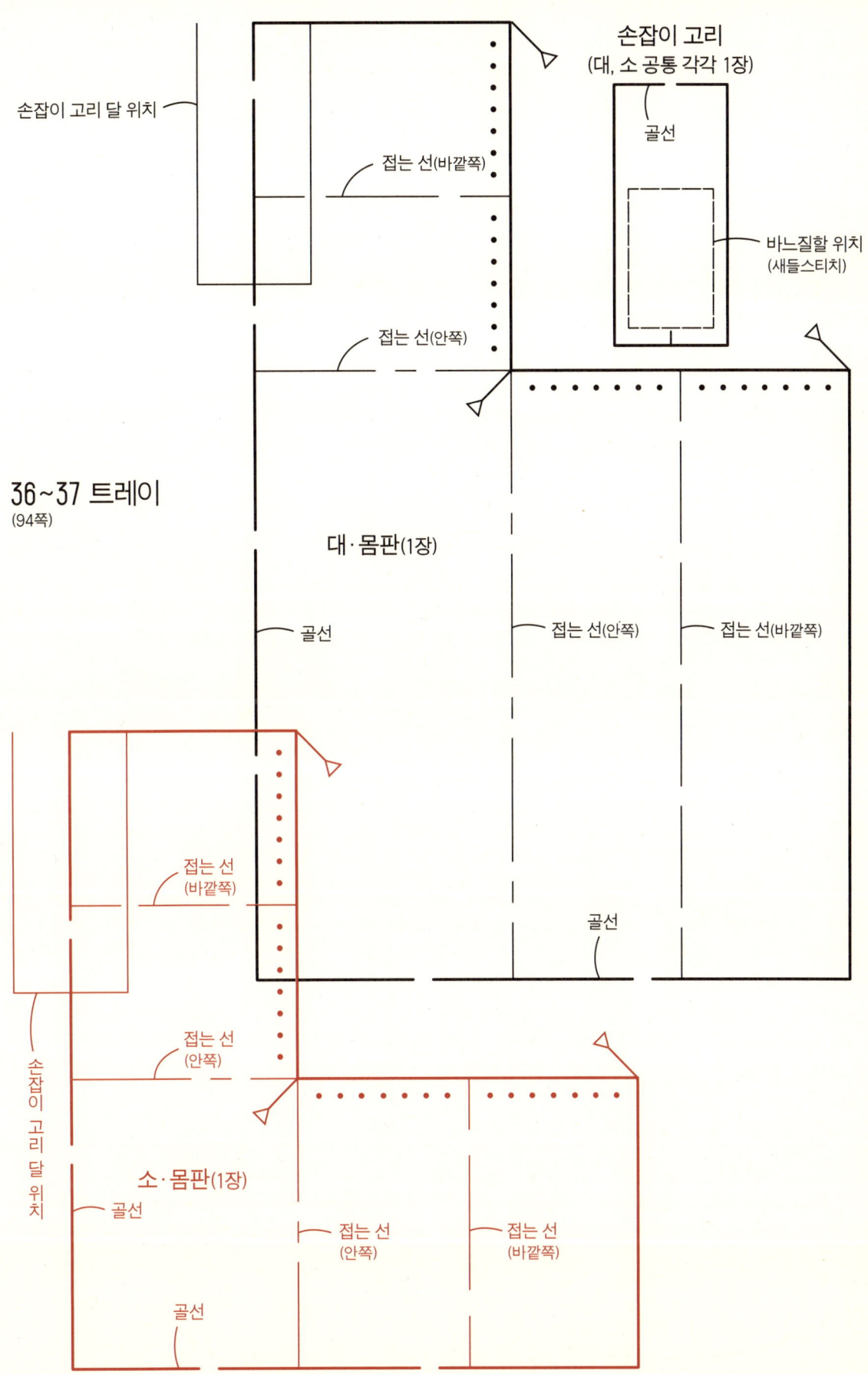

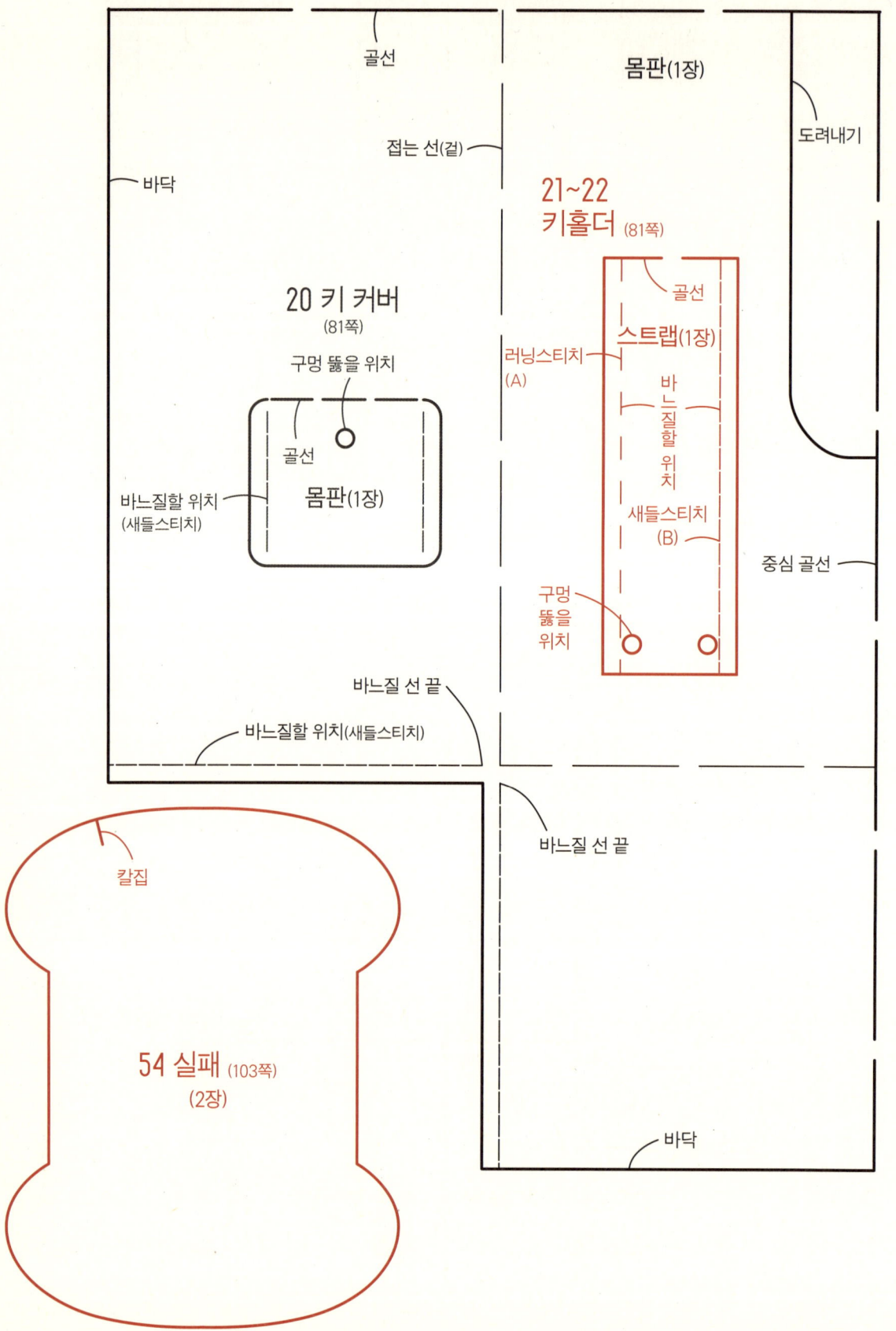

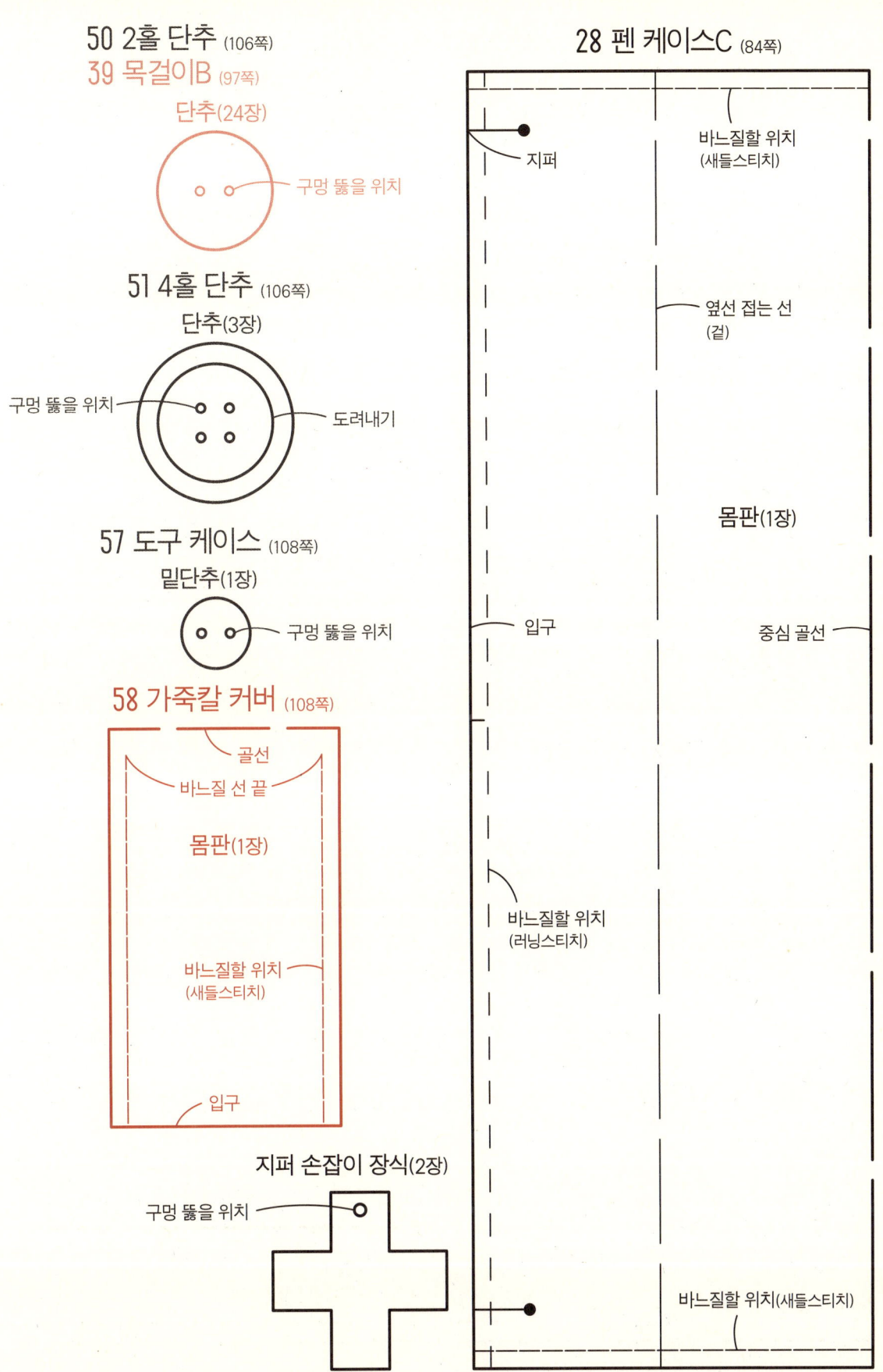

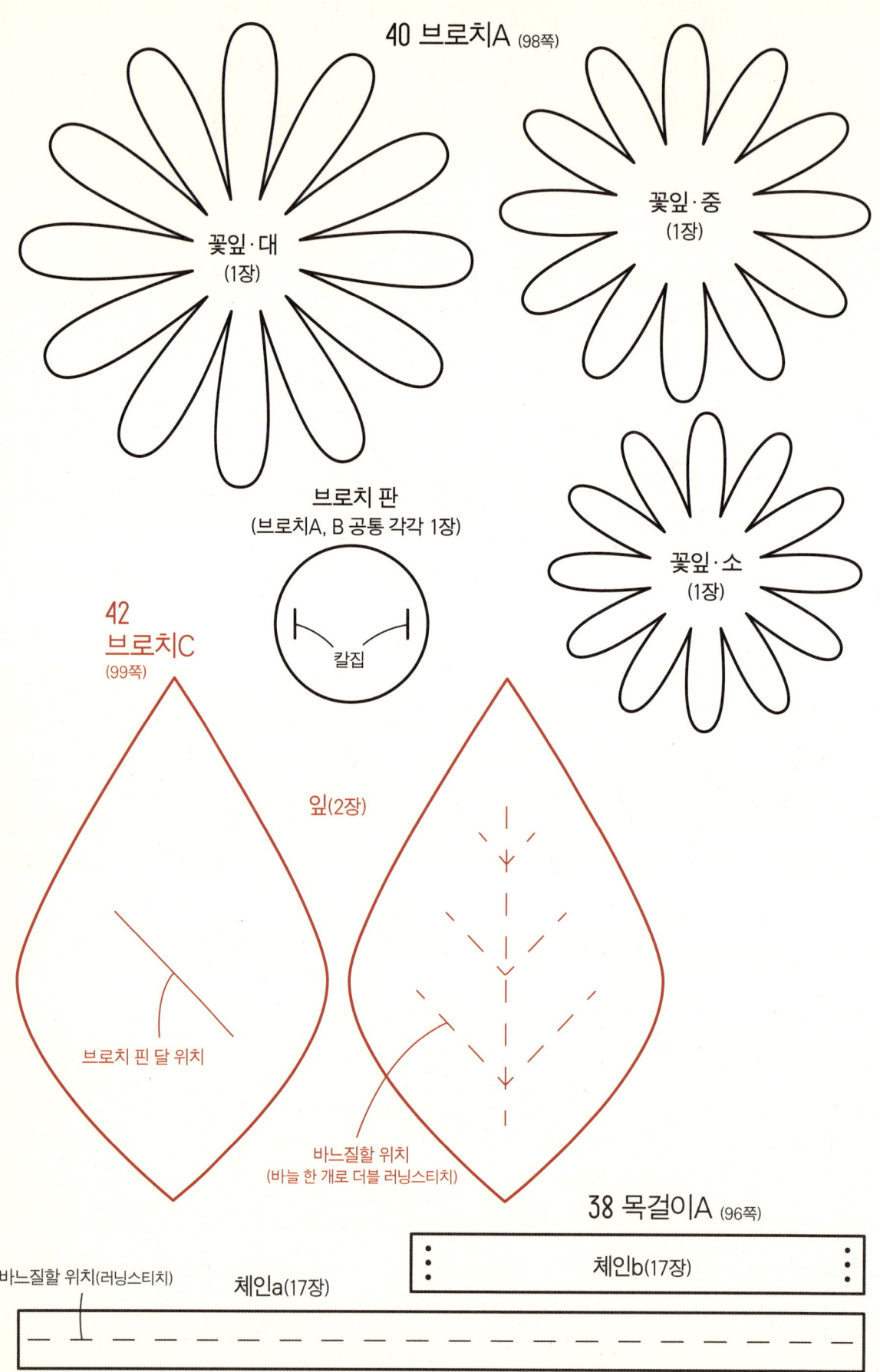

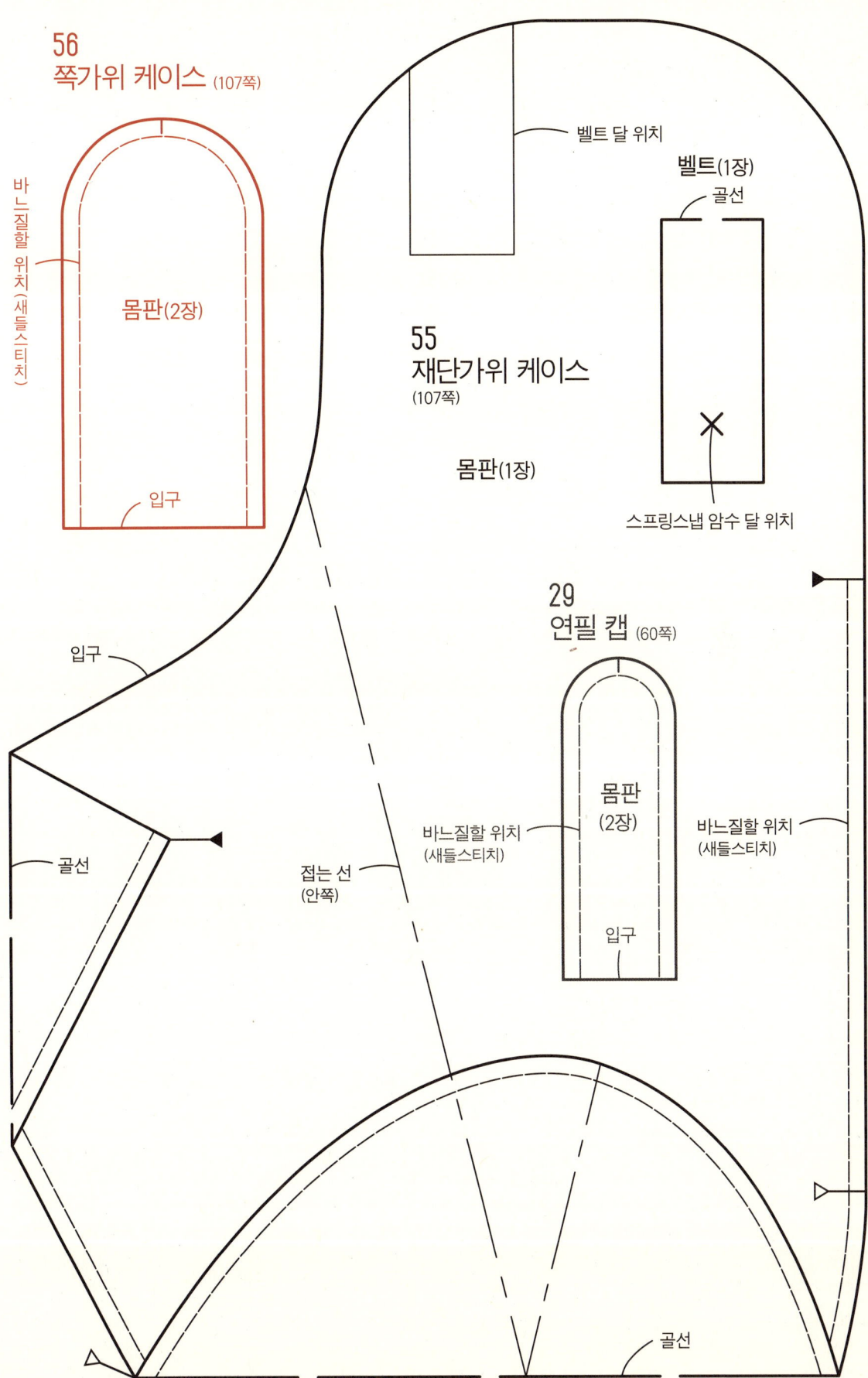

KYO TSUKUTTE, ASHITA TSUKAERU KAWAKOMONO by Yuka Koshizen
Copyright © 2015 Yuka Koshizen
All rights reserved.
Original Japanese edition published by Mynavi Publishing Corporation
This Korean edition is published by arrangement with Mynavi Publishing Corporation, Tokyo
in care of Tuttle-Mori Agency, Inc., Tokyo through Botong Agency, Seoul.

이 책의 한국어판 저작권은 Botong Agency를 통한 저작권자와의 독점 계약으로 한스미디어가 소유합니다. 저작권법에 의하여 한국 내에서 보호를 받는 저작물이므로 무단전재와 복제를 금합니다.

원서 STAFF
デザイン：葉田いづみ(Izumi Hada)
撮影：有賀傑(Suguru Ariga)
製図·型紙：今寿子(Hisako Kon)
製図：久野麻衣(Mai Kuno)
トレース：白井麻衣(Mai Shirai)
編集：櫻岡美佳(Mika Sakuraoka)

기본 손바느질로 만드는
심플한 가죽 소품 58

1판 1쇄 인쇄 | 2017년 9월 12일
1판 1쇄 발행 | 2017년 9월 19일

지은이 고시젠 유카
옮긴이 방현희
펴낸이 김기옥

실용본부장 박재성
편집 류인경, 이나리
영업 김선주
커뮤니케이션 플래너 손혜인
지원 고광현, 김형식, 임민진, 김주현

디자인 제이알컴
인쇄·제본 현문

펴낸곳 한스미디어(한즈미디어(주))
주소 121-839 서울시 마포구 양화로 11길 13(서교동, 강원빌딩 5층)
전화 02-707-0337 | 팩스 02-707-0198 | 홈페이지 www.hansmedia.com
출판신고번호 제 313-2003-227호 | 신고일자 2003년 6월 25일

ISBN 979-11-6007-186-3 13590

책값은 뒤표지에 있습니다.
잘못 만들어진 책은 구입하신 서점에서 교환해드립니다.

기초 과정 최고의 교과서

한스미디어와 함께하는
수예 & 핸드메이드 라이프

손뜨개 작품&라이프

북유럽 스타일 자연주의 손뜨개
아르네&카를로스 저 | 배혜영 역
김은정 감수 | 16,800원

M.L.XL 사이즈로 뜨는 남자 니트
리틀 버드 저 | 배혜영 역
13,000원

슬로라이프 니트
효도 요시코 저 | 배혜영 역
13,000원

손뜨개로 만드는 모찌모찌 몬스터 인형
안나 흐라르벡 저 | 김원 역
15,000원

자수

부티 자수
나카야마 구미코 제라르츠 저
강수현 역 | 16,000원

처음 배우는 우리 꽃 자수
정지원 저 | 16,800원

ten to sen 북쪽의 숲에서 온 자수
점과선무늬제작소 오카 리에코 저
강수현 역 | 14,000원

춘천, 사계절 꽃자수
김예진 저 | 16,000원

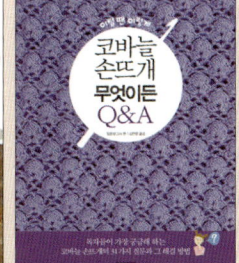

쉽게 배우는 새로운 코바늘 손뜨개의 기초[실전편 : 귀여운 니트 소품 77]
일본보그사 저 | 이은정 역
15,000원

이럴 땐 이렇게 코바늘 손뜨개 무엇이든 Q&A
일본보그사 저 | 김현영 역
9,800원

쉽게 배우는 모티브 뜨기의 기초
일본보그사 저 | 강수현 역
13,800원

쉽게 배우는 코바늘 손뜨개 무늬 123
일본보그사 저 | 배혜영 역
15,000원

수예 일반

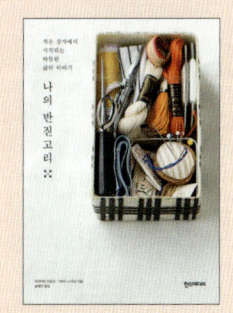
나의 반짇고리
무라야마 히로코, 이치지 노리코 공저
송해진 역 | 15,000원

쉽게 배우는 손바느질의 기초
다카하시 에미코 저 | 15,000원

쉽게 배우는 패치워크의 기초
일본보그사 저 | 김수연 역
크래프트하우스 감수 | 14,000원

멋진 태팅레이스
모리모토 토모코 저 | 정상미 역
유하경, 하미경 감수 | 13,000원

31인의 자수 라이프
일본〈스티치이데〉 편집부 저
박선형 역 | 15,000원

이럴 땐 이렇게 자수 무엇이든 Q&A
일본보그사 저 | 강수현 역
9,800원

북유럽 전통 자수
일본보그사 저 | 배혜영 역
15,000원

쉽게 배우는 자수의 기초
일본보그사 저 | 김수연 역
15,000원

쉽게 배우는 새로운 대바늘 손뜨개의 기초
일본보그사 저 | 김현영 역
16,000원

이럴 땐 이렇게 대바늘 손뜨개 무엇이든 Q&A
일본보그사 저 | 김현영 역
9,800원

쉽게 배우는 대바늘 손뜨개 무늬 125
일본보그사 저 | 배혜영 역
15,000원

플라워&가드닝

나의 첫 테라리움
클레아 크리건 저 | 이정민 역
18,000원

플라워 컴 투 라이프
김신정 저 | 16,800원

마이 디어 플라워
주예슬 저 | 16,500원

꽃도감 : 꽃집에서 인기 있는 꽃 421종
몽소 플레르 감수 | 방현희 역
20,000원

나의 첫 미니어처 정원
재닛 칼보 저 | 엄성수 역
19,800원

초미니 수족관 보틀리움
다바다 데쓰오 저 | 조민정 역
12,000원

쉽게 배우는 리본 자수의 기초
오구라 유키코 저 | 강수현 역
14,000원

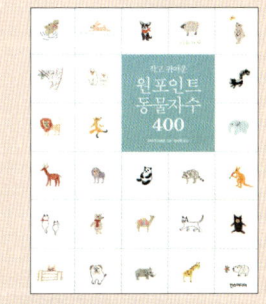
작고 귀여운 원포인트 동물자수 400
사사키 미에코 저 | 강수현 역
13,800원

쉽게 배우는 크로스스티치 기초와 도안 500
일본보그사 저 | 배혜영 역
14,000원

소잉 & 옷 만들기

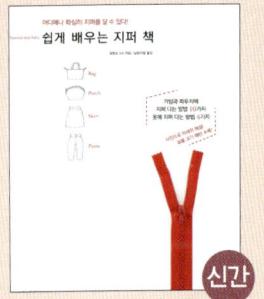
쉽게 배우는
지퍼 책
일본보그사 저 | 남궁가연 역
13,000원

쉽게 배우는
COS 의상
일본보그사 저 | 남궁가연 역
15,000원

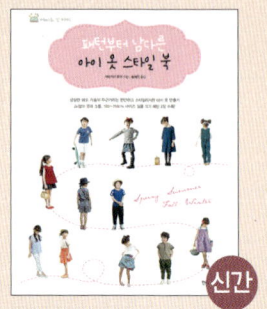
패턴부터 남다른
아이 옷 스타일북
가타가이 유키 저 | 송혜진 역
16,500원

쉽게 배우는
새로운 재봉틀의 기초
사카우치 쿄코 저 | 김수연 역
16,000원

핸드메이드 DIY

종이로 꾸미는 공간
종이 인테리어 소품
김은주, 방경희, 이정은 공저
16,500원

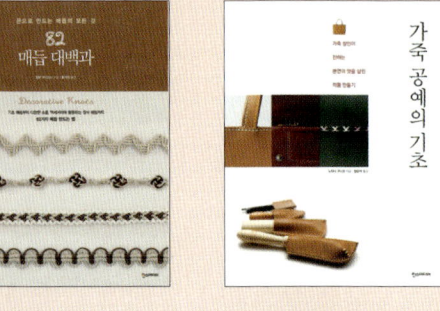
82 매듭 대백과
일본부티크사 저 | 황세정 역
18,000원

가죽공예의 기초
노타니 구니코 저 | 정은미 역
15,000원

짜루의
핸드메이드 인형 만들기
짜루(최정혜) 저 | 14,000원

가죽·비즈·스와로브스키·
자수실로 만드는
패션 팔찌 & 악세서리
사카모토 게이토 저 | 배혜영 역
13,000원

쉽게 배우는
목공 DIY의 기초
두파! 편집부 편 | 김남미 역
16,500원

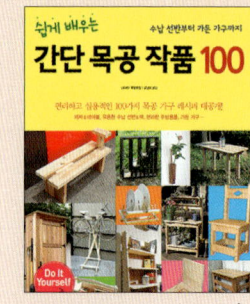
쉽게 배우는
간단 목공 작품 100
두파! 편집부 편 | 김남미 역
16,500원

내 손으로 짓는 작은
가든 하우스 만들기
두파! 편집부 편
16,500원

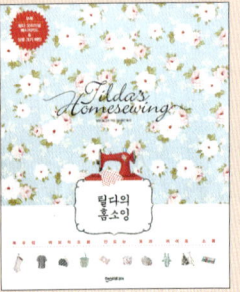
틸다의 홈소잉
일본보그사 저 | 송혜진 역
16,500원

패턴부터 남다른
우리 아이 옷 만들기
가타가이 유키 저 | 송혜진 역
16,500원

엄마가 만드는
우리 아이 명품 옷
부티크사 편집부 저 | 배혜영 역
16,500원

귀여운 아이 바지 만들기
일본보그사 편 | 남궁가윤 역
14,000원

컨트리 인형 니나
인형 & 옷 만들기
호비라 호비레 저 | 송혜진 역
최정혜 감수 | 13,000원

야생화 페이퍼 플라워 43
야마모토 에미코 저 | 이지혜 역
13,000원

엄마와 아이가 함께 접는
행복한 종이접기
김남희, 김향규, 윤선옥,
이명신 공저 | 15,000원

아이와 엄마가 함께 만드는
행복한 종이아트
김준섭, 길명숙, 송영지 공저
15,000원

DIY 소재&도구 대백과
두파! 편집부 편 | 황세정 역
18,000원

손으로 만드는
나무 커틀러리 DIY
니시카와 타카아키 저 | 송혜진 역
16,000원

나무로 만든 그릇
니시카와 타카아키 저 | 송혜진 역
16,000원

작은 아이를 위한
유럽 스타일 옷 만들기
Easy Sewing for your angel
호리에 나오코 저 | 남궁가윤 역
13,000원

재봉틀로 쉽게 만드는
원피스 스타일 북
노나카 게이코, 스기야마 요코 저
이은정 역 | 크래프트하우스 감수
13,000원

재봉틀로 쉽게 만드는
블라우스, 스커트&팬츠
스타일 북
노나카 게이코, 스기야마 요코 저
김나영 역 | 크래프트하우스 감수
13,000원

재봉틀로 쉽게 만드는
아우터 & 탑 스타일 북
13,000원

헤비오의
동물 종이접기
다무라 헤비오 저 | 이지혜 역
13,000원

리본&선물 포장 필수
아이디어 70
혼다 나오코, 초츠무팩토리 공저
용동희 역 | 13,000원

키즈 텐트 만들기
비르지니 데물랭 저 | 장덕순 역
12,000원

멋진 핸드메이드 팔찌 72
사카모토 게이토 저 | 방현희 역
13,000원

나무로 만든 스툴
니시카 타카아키 저 | 송혜진 역
16,000원

나무로 만드는 장난감
STUDIO TAC CREATIVE 편
박재영 역 | 18,000원

한스미디어 www.hansmedia.com

서울특별시 마포구 양화로 11길 13 (강원빌딩 5층)
TEL 02-707-0337   FAX 02-707-0198

도서판매처 안내

전국오프라인 서점

교보문고 전 지점, 영풍문고 전 지점, 반디앤루니스 전 지점,
이외의 전국 지역 서점에서 구매할 수 있습니다.

온라인 서점

교보인터넷 www.kyobobook.co.kr
YES24 www.yes24.com
알라딘 www.aladin.co.kr
인터파크도서 book.interpark.com